JN241877

無駄のないクローゼットの作り方

〜暮らしも生き方も軽やかに〜

熊倉正子

講談社

プロローグ
MOVE ON――日本女性はもっと素敵になれる！

早いもので日本を離れてもう15年以上の時が経ちます。日本でファッションビジネスに携わっていた頃は、多くの雑誌に取材していただいたけれど、今では、私をご存じない方のほうが多いだろうし、私をご存じという少数派の方も、「今なぜ本を出すの？」とお思いかもしれません。

私自身、この本の出版のお話をいただいたときは、「なぜ？」と戸惑ったけれど、「50歳以降も輝く大人を目指す女性に向けて、ヒントになることを伝える」という趣旨を聞き、自分のこれまでの経験で、日本の女性の皆さんにお役に立てることがあれば、とお引き受けした次第です。

私は長い間、海外と日本を行ったり来たりする生活をしてきたこともあって、考え方も、感性も、一般的な日本人の方たちとは違う部分も多かれ少なかれあると思います。しかし、私の根幹はやはり「日本人」であると、折に触れしみじみ感じるのです。だからこそ日本や日本人のよい部分、海外や外国人のよい部分を客観的に見ることができるのかもしれないな、と。

そして、本書を読んでいただくにあたり、私の考え方のバックグラウンドをより理解していただくためにも、自己紹介を駆け足で。

海外の高校を卒業。イタリア、フランス、アメリカの大学で美術を専攻し、マスターの学位を取得したあと、学生時代からの友人であったフランス人のボーイフレンドと結婚。夫が日本勤務になったので、それに合わせて帰国。数ヵ月は専業主婦をしていたのだが、これが私の性格にまったくフィットしなかった！　何もしない生活にすっかり退屈してしまい、ビジネスを始めてみることに。

その会社というのが、１９８０年代中頃、日本で初めてのラグジュアリーファッションブランド専門のPR会社「ＫＩＣ」。「アラン ミクリ」や「マルニ」「ドリス ヴァン ノッテン」といったブランドを日本に紹介したその会社は、私の想像以上にうまくいったのだけれど、12年ほど続けて、仕事についても次のステップを考え始めていた頃、離婚。

ちょうどその頃、長年の友人であり、当時フレンチヴォーグの編集長であったカリーヌ・ロワトフェルドに声をかけられ、同誌のスペシャルプロジェクト・ディレクターとして、パリで働くこととなった。

その後、グッチグループにヘッドハントされ、ワールドワイドのマーケティング、コミュニケーションの責任者として、老舗ジュエラー「ブシュロン」では世界各地で150周年イベントを企画、「アレキサンダー マックイーン」ではキャサリン妃のウェディングドレス業務を手がけ、PR会社「カーラ オットー」の香港&北京オフィスの立ち上げを経て、アメリカのサングラスブランドのシニアヴァイスプレジデントに。

このようにファッション業界を中心に働いてきて、今はこれらの経験を生かして、自身のアイウエアブランド「mEeyye《ミー》」を立ち上げ、今年から世界で本格始動、というところなのだけれど、仕事については、また後の章で触れることといたしましょう。

そしてプライベートでは2度の離婚を経て、現在の夫とカリフォルニアのニューポートビーチで、今までにないくらいストレスから解放されて（!）、暮らしています。

さてさて、「今の私」ができ上がったのは、家族の教育方針によるところも大きいのです。私の両親は日本の常識から考えるとだいぶ個性的で、私もそれを受け継いでかなり変わった子供だったと思うけれど、のびのびと育てられた。

幼い頃は、クローゼットの中に閉じこもって何体もあるバービー人形を横に並べて遊んでいるような風変わりな子だったし、食の好き嫌いが激しく、ガリガリに痩せていたため「スパイダー（蜘蛛《くも》）」や「チョップスティック（お箸）」なんてひどいニックネームをつけられていたこともあった。音楽の才能もなく、ピアノの先生が母に「私の時間とあなたのお金の無駄です」なんて、さじを投げられるほど。

お世辞にも〝出来のよい子〟ではなかったけれど、「私ってダメな人間なんだ」といじけることもなく育ったのは、母が「納得するまでやったのなら、できないことは仕方ない。得意なことを頑張ればいい」とフラットな対応だったからでしょうか。

そのおかげでコンプレックスを持たずに育ったことが、その後の人生において大きな財産になり、紆余曲折《うよきょくせつ》あったけれど50代後半の今、とても充実した日々を送っている。むしろ還暦も目前に見えた今、心身ともに充実し、30代の頃よりずっと楽しい！　とさえ思うのです。

「どうしてそんなにポジティブなんですか？」なんていう質問をされたりもするけれど、何も考えずにただ能天気にポジティブなわけではないのです。ポジティブになるには、ネガティブな要素を丹念に一つずつ消していくこと。そしてそのためには、どんなときも「自分に客観的」になるということが大切なのだと思っています。

そう、この〝客観的〟というのが本書のキーポイントになりそう。というのも、客観性は日本女性に欠けている要素の一つだと思うから。

客観性があるかないかで、特にファッションや美容、立ち居振る舞いといった、見た目に関することはだいぶ変わってくる。日本に帰ってくるたびに「日本女性は損をしている」としみじみ感じるのだけれど、特に40代以降の女性のほとんどが自分に似合わない服を着ているのが本当に残念！

ちょっと立ち止まって、今の自分を俯瞰《ふかん》してみてほしい。若々しく見せたいからと、一生懸命流行のものを取り入れるあまり、「なんだかイタいおばさん」になってしまってない？　好きなアイテムをてんこ盛りにして、収拾がつかないスタイルになってない？

せっかくおしゃれが好きで、流行《はや》りのファッションやメイクをとても研究しているのに、自分自身を研究できていない人が多いのは、実にもったいないこと。だって、日本女性は、西洋の女性などにまったく引けを取らないくらい素敵で、もっともっと美しくなれる可能性をたくさん秘めているのだから。

だからといって、雑誌などで特集されているような欧米人のライフスタイルやファッションを、日本人がそのまま真似したって、すぐさま格好よくなれるわけではないのです。だって日本人と外国人は、国の文化も違えば、環境も違い、さらには体型も肌や髪の毛の色も違うのだから。そんなことより、日本人のチャームを引き立てる服やヘアスタイルをチョイスしたほうがいい。そのために必要なのは今のあなたを徹底的に見直すこと。

この本では私なりに考え、研究してきたこと、実践してきたことの中から、「大好きな自分」になるための秘訣を皆さんにお伝えできればと思います。それが皆さんをハッピーライフへと導くためのヒントになるのであれば、これほど嬉しいことはありません。

熊倉正子

目次

第二章

熊倉流 無駄のない合理的ワードローブの作り方

第三章

その勘違いが「イタいおばさん」と「素敵なマダム」の分かれ道

第四章

50代からは暮らしも生き方も もっと軽やかに心地よく

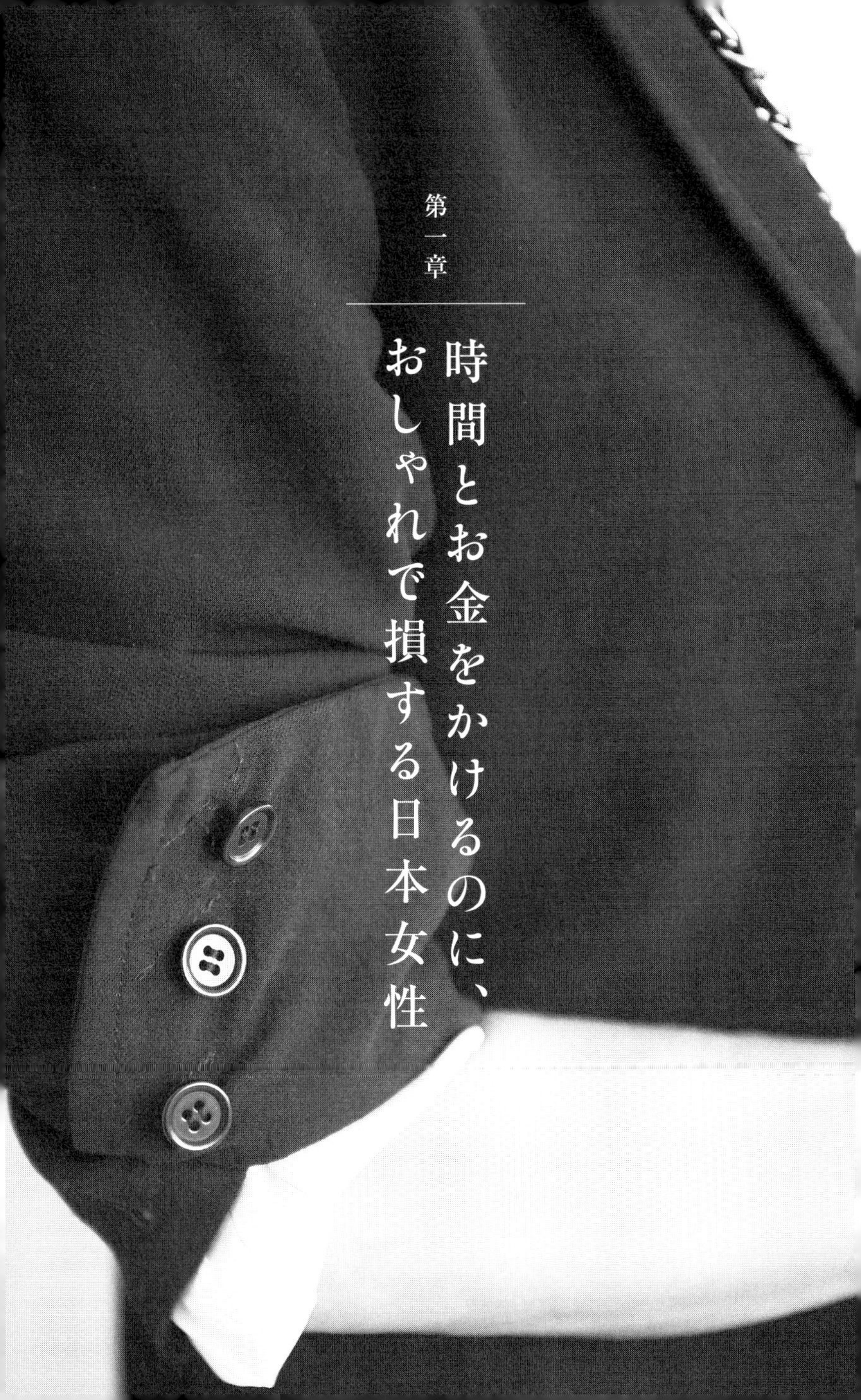

第一章

時間とお金をかけるのに、おしゃれで損する日本女性

Part 1
新しい服に飛びつく前にやるべきこと

服で損する日本女性、服をうまく活用するフランス女性

あなたは、よくこんなことを口にしたりしていないでしょうか？

「着る服が全然ない！」

でも実際、こういうことをよく言う人に限ってお買い物が大好きだったり、クローゼットの中にあまり袖を通したことのない洋服がたくさん眠っていたりするのでは？　それって、結局自分のことをしっかり把握していないということなのだと、私は思う。

服を買ってから、「なんだか思ったより似合わない」と手にとらなくなったり、サイズが合わなくなったけど「いつか着られる」なんて思いながら、まったく着る機会がなかっ

たり……。そうそう、なんて頷《うなず》いているあなた。それこそが、「服難民」に陥る原因なのですよ！

一方で、私がよく知るフランス人たちは、無駄な買い物をすることもないし、無駄な服をクローゼットに寝かせ続けることもない。何しろケチな（おっと失礼！　もとい、出費にシビアな）国民性も味方して、彼らは無駄なことにお金をかけない。

そのためにも、自分自身をよく研究している。その点は私も同じで、無駄なものを溜め込んでいたり、自分の周りにある状態がとても嫌だ。何しろ、無駄なものは判断力を鈍らせてしまうから。

自分のスリーサイズ、チャームポイントを把握する

自分自身を研究するには、一体どうしたらいいのでしょう？

まず、自分のサイズをしっかり把握すること。

おそらく誰もが体重くらいは知っていると思うけれど、自分のスリーサイズを正確に知っている女性って、日本にどのくらいいるのだろう？　それだけで、選ぶ服はかなり明確

になるはずだし、服を買う際の基準の一つとなる。それに漠然と「このくらい」と想像するのではなく、数字を目にすることは自分を奮い立たせることにもなって、一石二鳥！

また、いろいろなシーンでの自分の姿をチェックするために写真を活用するのもおすすめ。

写真は実に辛辣《しんらつ》にものを言ってくれる貴重な存在。特に気を抜いているときに撮られた写真ほど、残酷なくらい正直で、あなたのためになるのです。

そして、自分自身の姿を写真で一歩距離を置いて見てみると、「半端丈のフレアパンツをはくと、もっさりして見えるな」「白い半袖カットソーって実は似合ってない！」などいろいろ気づくことがあるのでは？　写真写りが悪いものも即座に消去せず、研究材料として写真フォルダにキープしておきましょう。

また、自分を知る、というと謙虚な日本女性はまず自分の欠点を追求しがちだけれど、実はよいところを自覚する、ということでもあるのです。

「あなたのチャームポイントは？」と聞かれれば、フランス女性はすぐさま答えることができる。絶世の美人やスタイル抜群のモデル体型でなくても、「唇がセクシーと褒められるわ」「デコルテには自信があるの」などなど。

だからこそ彼女たちは自分の長所をアピールするテクニックを熟知しているし、服で自分のチャームポイントを引き立てることも得意。首筋が美しければ、そのラインがより美しく見える服を選んだり、美脚自慢なら、いつも膝下を露出するスタイルが定番だったり、耳の形が美しければ、耳元に目線を向けるイヤリングをつけたり。

でも、あなたはどう？　即座に答えられない人も多いのではないかしら？　それは日本人らしく謙虚とも言えるけれど、自分のことをよく知らないことの裏返しとも言える。

まずは一つでいいから、自分のチャームポイントを見つけてみましょう。「脚はちょっと太いけど足首はきゅっと細い」「肩がしっかりしていてラインがきれい」など。

もし自信がないなら、正直な意見を言ってくれる友人に聞いてみては？　客観的な意見を言ってもらって、まずはいいところをどんどん伸ばしていきましょう。

自分のチャームポイントがわかれば、着るべき服ははっきりと見えてくるはずだし、不要な服だってクリアになってくる。そうなったらシメたもの。無駄遣いも、タンスの肥やしも格段に減らすことができて、なおかつ素敵になれるのだから！

服は自分を良く見せるための「単なるツール」と心得る

　ところで、皆さんにとって服はどんな存在でしょう？

　私は学生時代のアルバイトも含めれば、本当に長い間ファッション業界に携わってきた。そのせいか、私をあまりよく知らない人たちからは「ファッションヴィクティム」と思われがちなのだけれど、正直に申し上げると、ファッションが大好き、というわけではない。

　ファッションに携わる人間がそんなことを言うとがっかりされてしまうかもしれないけれど、私にとってファッションとは、メイクアップと同様、裸の自分にプラスして、自分をより素敵に見せるためのツールに過ぎない。

　だから「自分が好きなデザイン」ではなく、「自分をどのように演出したいか」という基準で服を選ぶ。これが、多くの日本人女性とは考えが異なるところかもしれませんね。

　しかし、その違いこそが、日本において「本当に似合う服を着ている女性」が少ない一番の理由なのだと、私は思うのです。

ファッションに興味があり、最先端のファッションが好き、という好奇心旺盛な大人の女性は、とても素敵。しかし、その最先端のデザインがあなたに似合うデザインだとは限らないのですよ……。

「だって、ブティックの店員さんがとても似合う、とすすめてくれたもの」という声が聞こえてきそうだけれど、そんなのあてにならない。だって、彼らは服を一枚でも多く売ることが仕事なんだもの！

それに日本では、たとえ似合わないものを着ていたとしても、「その服、あなたに似合ってないわよ」なんて指摘してくれる人は少ないだろうし、面と向かって言うことは失礼に思われるかもしれない。そんなことお構い無しに指摘する日本人なんて、きっと私くらいでしょう（笑）。

逆に、まるで数十年前を生きているかのように、ファッションの時代が止まってしまっている大人の女性も少なからず見かける。それって、すごくもったいない！　古臭く見せないためには、大好きなスタイルも時代に合わせてマイナーチェンジしていくことが必要だ。

まずは、あなたはどんな女性に見られたいのか。例えば「医師として日々忙しく働く旦那様を内助の功で支える、控えめで上品な妻」とか、「バリバリと仕事はこなすけれど、肩に力が入りすぎていない、知的かつ柔らかさのある管理職のキャリアウーマン」とか、「トレンドは押さえつつ、エレガンスをキープしたコンサバモードを目指す、ファッション業界で働く女性」など、より具体的にイメージを作り上げよう。そうすると自《おの》ずと取り入れるべき色やデザインがイメージできるはず。

私も職種やポジション、自分がPRを手がけるブランドが変わるたび、さまざまな服を着てきた。今ではファッションの最前線を離れたからこそ、もっと自由に自分らしさを演出することができるし、大好きなスウェットも思う存分はける！　まずは「今のあなた」をどう表現するかをじっくり考えてみて。

自分にぴったりの服を着ている女性が少ないからこそ、それができるだけで一目置かれる存在になれること請け合いだ。

まず手持ちの服をすべて棚卸ししてみる

「着る服がない！」と嘆いている人は、まずは自分がどんな服を持っているのか、隅々まで知ることから始めてみましょう。

私は、シーズンの初め、クローゼットの中身をすべて出して、ベッドの上から床まで広げ、手持ちの服の〝棚卸し〟をする。

もう何十年と毎シーズンやっているから、どんな服を持っているかは把握しているのだけれど、実際に実物を目にして手にとってみると、何年も着ていなかった服が今年のトレンドとしてカムバックしていることに気づいたり、新しいコーディネートが生まれたり。そんな思いがけない発見もある。

だから実際に目で見て、触って、そして袖を通してみるのって、とても大切なのだと毎回実感する。それに今シーズン買い足すべきものも、はっきりとするから、無駄な買い物もなくなって、いろいろと効率がよいのです。

棚卸しと同時に、体のサイズを測ってしまうのもおすすめ。自分の体型の変化もよくわかるし、サイズの変化で明らかに着られなくなってしまった服などは、それを機にさよならして、すっきりしてしまいましょう。

いつか痩せて着られるようになるから、なんていう思いでとっておく服は、3ヵ月後など期限を決めて、それまでに痩せられなかったら、潔く処分してしまうべし！　そうやって、曖昧《あいまい》にしておくと、無駄な服でクローゼットは溢れてしまうから。

クローゼットの棚卸しは半日がかりの大仕事で大変だけれど、これをやっておけば半年間、毎日のコーディネートに悩むこともなくなるし、クローゼットの中も風通しよく、きれいになって、実に合理的な方法なのです。

1シーズンの服はラック1本分で十分

そんなふうに棚卸しをする日は、全身が映る鏡の前で1シーズン分のコーディネートを考えるのが、私の恒例行事。

まず、新たに仲間入りした今シーズンのものと、何年も活用している「マイ ヴィンテージ」とも言えるアイテムの中からそのシーズンに着るものを絞り込んでいく。服だけでなく、靴からバッグ、時計まで、全身のコーディネートパターンをきっちり決め込むのがポイント。

そうして絞り込まれた服は、1シーズン1ラック分。「え？　たった1ラックの服で1シーズン耐えられるの？」なんて驚かれそうだが、はい、十分に事足りるのです。実際に私のクローゼットに並んでいる1シーズン分の服は、春夏なら、

トップス

・シルクブラウス1枚　・コットンシャツ1枚
・コットンTシャツ2枚　・シルクTシャツ4枚

ボトムス

・スラックス1本　・デニム1本　・ミモレ丈のスカート1枚
・チューリップシルエットのタイトスカート1枚

上着

・クラシックなテーラードジャケット1枚　・レザージャケット1枚

ドレスアップ用の服

・シャネルのスーツ1着　・ロングドレス1着
・カクテルドレス1着

靴

・スニーカー1足　・フラットシューズ1足
・華奢なハイヒール1足　・サンダル1足

バッグ

・夜のお出かけ用のミニバッグ2つ　・大きなビジネス用バッグが1つ

これは、いろいろなブランドのプレスとして働いていたときからずっと変わらない私のスタイル。

ファッション業界で長年働いていたこともあり、さぞかし大量の服や靴&バッグをクローゼットに並べているのだろうと思われがちなのだけれど、むしろ逆。写真を見せるとクローゼットの中があまりにすっきりしすぎて、びっくりされてしまうほど。

でもたくさんの服を持っているよりも、厳選された素敵な服を少量持っているほうが、ずっとスマートだと思いませんか？　そうしたら、いつでも「素敵なスタイル」でいられるのだから。それに大切な服を着ていると、なんだか気持ちが引き締まるし、背中をピンと伸ばしたくなる。きっと知らず知らずのうちに、所作もエレガントになってくるのではないかと思うのです。


最近ではフランス人のライフスタイルを紹介する本が日本でも大ヒットして、このように少数のワードローブで日々をやりくりしているフランス流スタイルが、日本でも認知され始めているというけれど、ここで理解していただきたいのは、フランス人たちは厳選された10着の同じ服だけを、何年も着続けているわけではない、ということ。

私の知るフランス人も少数の服を1シーズンに着倒している人は多いけれど、彼らは私と同様、クローゼットの中身をシーズンごとに必ず入れ替えている。私のように長年大切にしているヴィンテージコレクションのストックがいくらかあって、新しいシーズンものを加えながら入れ替える人もいれば、常に手持ちの服は少数精鋭で、シーズンごとに役目を終えた服はすぐ売ったり譲ったりして、新しい服に買い換えるという人たちもいる。

パリの女性は、毎シーズンに必要な洋服だけ家に置いて、あとは貸しスペースにキープする人が多い。

そういうふうにワードローブは定期的にアップデート、そして見直していくということも、欠かせないアクションなのです。

高くても体型に合わない服はゴミと同じ

クローゼットの棚卸しをしながら、ほとんど手を通したことのない服を前に「この服、高かったからなぁ」なんて、なんとなく再びクローゼットに戻しているあなた。それはゴミを増やしているのと同じですよ！

まず、その服が今のあなたに似合っているのか、似合っていないのか、そしてあなたを素敵に見せてくれる服なのか、さらに今後あなたに必要になってくるのかを、よく考えてみましょう。

クローゼットに戻す前に、全身が映る鏡の前で実際に着て、客観的に眺めてみて。数年前の自分にはぴったりで素敵だったとしても、そのときから年齢を重ねたあなたには、もう似合わなくなっているかもしれないし、サイズが微妙に合わなくなっているかもしれない。

たとえ高価だったものでも、もし今のあなたに似合わない、素敵に見えないのであれば、それは潔く処分するべき。役目のない服は、クローゼットの中には不要です。捨てるのが惜しいなら、自分よりも似合う周りの人に差し上げましょう。そのほうが、服だってずっと幸せなはず。

反対に、その服が今はトレンドからずれて着られないとしても、いつか素敵に着られるという自信と確信があれば、それは〝マイ ヴィンテージ〟になりうる服。もちろん、大切にとっておきましょう。

ファッションデザイナーたちはいつだってアーカイブからインスパイアされて、新しいデザインを生み出しているくらいだから、古くても上質で素敵な服は大切にキープして損はなし。それに他の人と洋服がかぶることもない！　私も何十年も愛用している服が何着もあるし、それらはコーディネートの中核として今でも活躍してくれている。

そうしていいものに袖を通す経験を重ねて少しずつ目が肥えていくと、あなたのファッションを見極める目もますます養われていくことでしょう。

Chapter 1 Summarize

01

新しい服に飛びつく前にやるべきこと

自分自身を研究して、正確なサイズ、
チャームポイントをきちんと把握する

●

服は「単なるツール」。
それを使って、どんな自分を表現するのかよく考える

●

自分の手持ちの服をすべて棚卸しして
チェックしてみる

●

1シーズンの服は1ラック分と決め、
その中でコーディネートを考える

●

高くても体型に合わない服は
潔く処分する

Part 2　おしゃれに有効なのは高価な服より整った体

顔だけきれいにする日本人、首から下を磨くフランス人

日本では、顔は入念にお手入れをしているのに、首から下がなんだかお粗末、というケースが実に多いように思う。お顔はばっちりメイクしていていかにも時間をかけました、という風情なのに、ちょっと緩んだ体でサイズの合わない服を着て、手入れのされていない靴を履き、おまけに姿勢が悪い、という女性をよく見かける。それは、年齢を問わず日本人全般に言えること。

残念ながら、そうすると年をとればとるほど「みすぼらしさ」が際立ってしまう。

その対極なのがフランス女性。顔は薄化粧だけれど、首から下を徹底的にメンテナン

ス、そして立ち姿が美しい女性が圧倒的に多いのだ。特にパリなどの都市部では太っている女性を見かけることはあまりない。
私の友人にも年に一度はスイスのクリニックでアンチエイジング療法を受けにデトックスステイをするという人が数人いるし、一般の女性でも食事の節制や、体を鍛えることには熱心で、50歳以上でも「脱ぐとすごいんです」という人が多い（笑）。

ヨーロッパ女性にとって、体は資本であり、美しさの基本なのだ。

そういった価値観から見ると、お金をかけて顔だけシワのない若い肌を維持していて、体はおばあちゃん、というのは奇妙で、とてもアンバランスに感じる、というのはおわかりいただけると思う。

それに体積の大きい体のメンテナンスにお金と時間をかけたほうが、全体的な印象もぐっと若々しく見える。頬にできたシミ一つ消すのに高級化粧品やレーザー治療で何万円もかけるなら、そのお金を数ヵ月トレーナーについて体を鍛えるために使用したほうが、ずっと効果的だと思うのだ。人の印象というのは、一部分だけでなく、全体から醸し出されるものだと思うから。

だから、私も体を引き締めるためにジョギングをしたり、インナーマッスルを鍛えてしなやかな体を手に入れるためにピラティスやヨガをしたりと日々運動することで、体型維持を心がけている。

この体作りに関しては後の項でじっくりお話ししたいと思うが、おかげで十数年ぶりに会った人からは「なんだか前より若々しくなった」とか「印象が変わったわね」とか言われることも多い。

体がきれいになるとシンプルな服でもそれだけでシックで素敵に見えたりと、その効能はとても大きい。厳しいことを言うようだが、日本ではそこまで気を遣っている50代はまだまだ少ない。だからこそ、そこまで気の行き届いている女性は際立って美しく見えるのだ。

新しい服を買う予算で全身が映る鏡を買うべし

ここまでちょっと辛辣なことを書き連ねてしまったが、読みながら、思い当たることがあってドキッとした人、もしかして家に全身が映る鏡がないのでは？

もしそうなら、新しい服を買う前に、足の先から頭のてっぺんまでが映る大きな姿見を買ってほしい。そして最低1ヵ月、服を買わずにひたすら自分の体をじっくり見ることをおすすめします。

毎日毎日、前から、横から、そして斜めから、後ろからと、じっくりと自分の体と服を眺めてみると、今まで気づかなかったいろいろなことが見えてくるはず。

例えば、前から見たらスマートに見えるけれど、背中にはお肉がついていて後ろ姿がおばさんぽい、とか。体は華奢なのに横から見るとお腹だけがポッコリして、タイトな服が似合わなくなってきている、とか、体の割に胸が大きくてコンパクトなトップスをおしゃれに着こなすことが難しい、とか、この服を着るときには、ペタンコ靴ではバランスが悪いとか。


本当に似合う服を知るためには、鏡をよく見ることが必須。ちなみに私は一日に何度も全身を映してチェックするのが長年の習慣だ。

思えば、子供の頃から両親や祖父母から「鏡をよく見なさい」と言われてきた。それは見た目や身だしなみだけではなく、常に自分の行いに気をつけなさい、という意味合いが含まれていたと解釈しているのだが、その考えと習慣が幼少期より刷り込まれたせいもあってか、私は鏡を見るのが大好き！

家中に全身が映る鏡が置いてあるし、無意識のうちにガラスや鏡を見ていることもよくあって「また自分を見てたでしょ⁉」なんて笑われることもしばしば。しかし、そのおかげで、自分を客観的に見る力も同時に養われたのではないかと思っている。

あなたも、自分に何が似合うのか、まずは手持ちの服を総ざらいして鏡の前でじっくり試してみてほしい。その顔の形や首の長さにはどんな襟あきが似合うのか、そのボディラインにはどんなシルエットが似合うのか、その身長にはどんな丈感が似合うのか、肌色や髪色にはどんな色が似合うのか。

ここで見逃しがちなのが髪型なのだけれど、髪もファッションの一部。服とのバランスをしっかりチェックして。特に髪が長い人は、服によって下ろしているほうがいいのか、きっちりアップにしたほうがいいのか、はたまたゆるめのシニョンにしたほうがいいのか。服と一緒にヘアアレンジもチェックしてみるといいかもしれない。

何度もチェックしていくと、いろいろなことが見えてくるはず。ヘアスタイルが変わるだけでも、服のバランスはぐっと変わる、とか、自分にはボディラインを強調する服ではなくAラインの服が似合う、とか、小柄な自分にはボリュームのあるトップスはバランスが悪い、とか。そんなふうに、一部分だけを見ていたらわからない、トータルバランスを見る力が培われると、おしゃれのレベルは俄然アップするのだ。

おしゃれになりたかったらショッピングより運動

服を素敵に着こなしたい、というのはおしゃれの永遠のテーマ。

そのために大切なことは何だと思いますか？

流行の服を選ぶこと？　昔よりふくよかになってしまった体型をカバーするシルエットの服を選ぶこと？　とにかくダイエットして痩せること？

私が考える答えは、すべてノー。前の項でもお話しした通り、服を本当に美しく着こなすためには、引き締まった体と適度な筋肉が必要だと考えている。だって、服は、崩れた体をカバーすることを前提としてではなく、理想的な体をモデルに作られているのだから。

また、痩せていれば服が似合う、という間違った思い込みは即捨てよう。大人の女性にはまったくあてはまらない。なぜなら肌のハリが若い頃よりも失われてきた今、体が細いだけではむしろ不健康で、なんだかみすぼらしく見えてしまうから。

だから、日々の運動で程よく筋肉をつけ、若々しい印象を与えるヘルシーな体を手に入れることが先決！　それには有酸素運動と、インナーマッスルを鍛える運動の２タイプを行うことがおすすめ。私の場合、それはジョギングとピラティスとヨガ。


子供の頃から運動神経がいいとはお世辞にも言えなかったのだが、ゴルフやテニス、乗馬など、さまざまなスポーツをやってきた私。それでもジョギングは想像するだけでゾッとするくらい、大の苦手だった。

ところが50歳を間近に控えた頃、ある日ジムのランニングマシーンでウォーキングをしている際に、「これで走ってみたらどうなるんだろう」という思いつきから、少し走ってみることにした。

はじめは10分走るだけでも、体が壊れるかと思うほどしんどかったが、それが日々続けることで徐々に５㎞、10㎞と走れる距離も延びていき、今ではハーフマラソンも夢ではないのでは？　と思えるほどに（ちょっと大袈裟？）。

そしてカリフォルニアの自宅にいるときだけでなく、世界のどこにいても、週2〜3回の8㎞のジョギングを欠かさない。カリフォルニアの自宅はビーチのすぐそばなので、ビーチ沿いをまっすぐ8㎞走る。東京にいるときは滞在するホテルによるのだけれど、先日はホテルから皇居を目指し、皇居周りを1周してホテルに戻ったらちょうど8㎞。子供の頃とてつもなく大きく思えた皇居が、簡単に走って回れてしまう程度の大きさなのだということがわかって、なんだか不思議な気分になった。初めて走る街は、きょろきょろと周りを見回しながら走っていると、1時間も経っていたなんていうこともある。そんなふうにいつもと違う場所を走れば思わぬ発見や刺激があって楽しいのです。

そのジョギングに加えて、週に数回行うのが、先述したピラティスとヨガ。ピラティスはパーソナルトレーナーについて、今の自分に必要なトレーニングをアレンジしてもらっている。プロに客観的に見てもらうことで、さらに自分の体について知識を深めることができるので一石二鳥。

特にコア（体幹）を鍛えると、姿勢や歩き方、そして立ち居振る舞いにさえ劇的な変化が生まれる。そのコアのトレーニングに有効なのが、ピラティスやヨガなどのじっくりと時間をかけて筋肉を育《はぐく》む運動。体に負担が少ない分、すぐには効果が見えにくいけれど、継続するほどにそれは自信となって体に表れてくるから、大人の女性にこそおすすめしたい。

健康的でしなやかな筋肉をまとった体を手に入れれば、若かりし頃のように、いえ、もしかしたら若かったあの頃よりもずっと、洋服が美しく似合うようになっていることを実感するでしょう。

朝から体を動かせば一日中頭がクリアになるし、私の場合は50代前半で迎えた更年期もあまり感じることなく過ぎたし、夜もぐっすり眠れるし、ポジティブ思考の私が以前にも増してポジティブに、と、いいことづくし！

美しい姿勢、歩き方ができるだけで一目置かれる

そうして、運動で適度な筋肉が身についてきたな、と感じてきたら、さらに次のステップへ進んでみましょう。

おしゃれにおいて、私が体作りと同じくらい大切だと思うのが姿勢と歩き方。

日本人女性は着物文化の名残が体に遺伝的に受け継がれているためなのか、背筋が弱い人がとても多いという。そのせいか、猫背で、体全体を使わず膝下だけを動かすようにペタペタと歩いている女性が多く、海外で見かけても歩き方だけですぐに日本人だとわかってしまうほどだ（私はパリのヴァンドーム広場を見渡すオフィスで働いていた頃、東洋人がいると歩き方だけで、日本女性とそれ以外をほぼ百発百中で当てることができた！）。

洋服文化の現代では、それが美しい歩き方とは言い難い。特にハイヒールを履いたときに、それが際立ってしまう。というのも、ハイヒールは想像以上に筋肉を必要とするし、軸がしっかりしていないと体をまっすぐにキープすることがとても難しいものだから。もし履きこなせる自信と筋肉がないのであれば、ハイヒール以外の選択肢を考えてみるべきなのかもしれない。

今はローヒールでも素敵なデザインがいっぱいあるし、服によってはヒールがないほうがぐっとおしゃれに見えたりもするから、賢く靴をチョイスしてみるといいでしょう。

実は私自身、若い頃は姿勢がとても悪く、「猫背の正子ちゃん」なんて呼ばれるほどだった（笑）。そんな自分の姿勢に嫌気がさした私は、40歳になった頃、ピラティスのパーソナルトレーナーにつき、美しい立ち姿を手に入れるため徹底的に自分の体を見直した。

正直、現在もすごくいい姿勢と誇れるほどではないけれど、頭の上から糸で吊られているような感覚で、胸を引き上げ、お尻の穴をキュッと引き締めて、正しい姿勢を保つように心がけている。

その美しい姿勢を保つために必要なのは、やはり体幹の筋肉だろう。私の体作りについては先述した通りだが、ピラティスやヨガで鍛えることで体の軸がしっかりしてくると、無意識でも自然と美しい姿勢を保つことができるようになってくるし、脂肪燃焼にも効果的なのではないかと思う。

それから体作りをおすすめするのには、もう一つ理由がある。それは体を健康にするだけでなく、体のラインや外側&内側の筋肉など、多方面から体をチェックすることによって、客観的に自分を見直すことができるということ。その客観性は、あなたの外見だけでなく精神的にも影響を及ぼし、いろいろな面であなたの力になってくれるでしょう。

私自身、ジョギングとピラティス、そしてヨガはいずれも40歳以降になって始めたもので、大袈裟ではなく自分の人生にとって大きなプラスになったと思える習慣です。

素敵な50代は陰で必ず節制している

でも、運動をしているのに昔のように体型が維持できない、というご意見もあるでしょう。何よりも食べることが好き！　という、自他共に認める食いしん坊の私も、40歳以降は、それなりの節制を心がけてきた。

特に50代となった今では、体型維持するのも以前ほど容易ではない。更年期を迎えた50代前半の頃には、太り始めたことを自覚し、トレーナーに食生活のことを相談した。

すると返ってきたのは、意外なアドバイス。「発酵していない大豆製品を摂ると太りやすくなるし、実は体にもあまりよくないから、控えたほうがいい」と言う。なんと、大好きで体にもいいと思って積極的に摂取していた豆腐や豆乳は、引き締まった体作りには向かないというではないですか！　そのときから納豆や味噌を除く大豆製品は極力控え、代わりにアーモンドミルクとココナッツミルクを摂るようにしている。

アーモンドミルクはスムージーに、ココナッツミルクはコーヒーに混ぜて、というように合わせる飲み物や食べ物によって、使い分けている（アーモンドミルクをコーヒーに混ぜると分離しやすいが、ココナッツミルクはコーヒーに混ぜると程よい甘みと香りが加わって、とてもおいしい！）。

そして私の大好物であるご飯やパン、麺類などの炭水化物。しかし、これこそ糖分の塊であり、多量摂取は美しいボディラインの天敵！　ということで平日の夜は炭水化物はなし、昼も玄米やもち麦、ブラウンジャスミンライスなど、栄養価の高いものを摂るようにしている。そして大好きな麺類は、週末のお楽しみ。さらに炭水化物の中でも白米と白パンは私にとっては最高の贅沢なので、盆と正月だけのとっておき！（笑）というふうに、自分なりにルールを決めて自制している。

では、ある一日の私の食事を紹介しましょう。

朝起きがけ：レモンを入れた白湯《さゆ》、その30分後にココナッツミルクラテ

ジョギング後：スムージー（バナナ、ブルーベリー、プロテイン、ブラックチョコレート、ピーナッツバター、アーモンドミルク）

昼食：玄米サラダにアーモンドスライスをのせて

間食：ゆで卵
夕食：低温でグリルした魚と茹《ゆ》で野菜
といった感じである。

そんなんじゃ食べた気がしない！　という読者の方もいるかと思う。もちろん、幸せの基準は人それぞれ。私だっておいしいものをたくさん食べたいという気持ちは人並み以上にあるのだけれど、食べたいだけ食べてボディラインが崩れ、好きな服が着られなくなるというのは、私にとってとても心地がよくない。だから、自分が心地よくいられるためにも、私にとって食事コントロールは欠かせないのです。そして素敵だなと思う私の周りの50代女性も、必ずと言っていいほど陰で涙ぐましいほどの節制をしている。

私はいつまでもカジュアルシックなおしゃれを楽しみたい。だから、そのために多少の我慢は必要だと思うし、人に強制されるのではなく、自分でルールや目標を決めて努力をしているので、これを苦痛に感じたことはない。何より自分が自分に課したことをできない自分になってしまうことが、心地が悪いのです。

Chapter 1 Summarize

02

おしゃれに有効なのは 高価な服より整った体

顔より体のメンテナンスにお金と時間をかけるほうが、
全体的な印象がよくなる

●

全身が映る鏡で、あらゆる角度から
自分の体をチェックすることを習慣にすべし

●

服を素敵に着こなすためには、
引き締まった体と適度な筋肉が必須

●

美しい姿勢、歩き方ができるように、
靴を見直し、体幹を鍛える

●

ある程度の年齢からは、
体型維持のためには節制も必要

Column

似合わない服を指摘するフランス人、あえて褒めるアメリカ人

自分の目に入ってくる周りの景色は、なるべく美しく、調和の取れたものであってほしい、という思いが強いフランス人。もし、身近にいる人が、似合わないちぐはぐな服を着ていたら、それは〝美的調和を乱すもの〟になってしまう！　だから「直したほうがいい」と思い、はっきり指摘する。

私もパリでの勤務時に、小柄でぽっちゃり体型のアシスタントの女性がまったく似合わない服を着ていたので「あなたに最高に似合うのは、Aラインの膝丈のワンピース。だから私といるときは、それだけを着てね」とお願いしていた（後日談だが、彼女は似合う服を着るようになってから、褒められる機会も増えてすっかり自信をつけ、その後起業し、今やビジネスウーマンとして大成功している！）。

それと逆なのがアメリカ人。ちょっと変だな、と思っても笑顔で「とっても素敵ね」と褒めまくる。それは社交術であると同時に、基本的に〝自分が一番目立ちたい〟という思いの表れ。周りがダサかったら自分の魅力が引き立ってラッキー！　と思うのだ。

こんなところにもお国柄が出るのが面白いところ。

第二章

熊倉流 無駄のない 合理的ワードローブの作り方

黒のパンツが似合う人はほとんどいない

まず、あえてお伝えしたい。ファッションにおいて、「黒は万能ではない」と。どの色よりも無難なように思えて、実は素敵に着こなすことがこれほど難しい色もないのではないかと思う。

クローゼットの中に、黒のパンツがあるという女性は、おそらく相当数いるでしょう。もしかしたらほとんどの日本女性は、この黒のパンツの力に頼っているかもしれない。でも黒のパンツを着こなせる女性って、実はかなり少ないというのが現実。

まず、よほど長身で脚がすらっと長い人でない限り、脚を短く見せてしまう。

フィギュアスケートの選手がなぜ足元までベージュで覆うかというと、それは脚を長く美しく見せるため。あれが黒だったら下半身はぐっと重く、そして短く見えてしまうことでしょう。

また、これだけコントラストの強い色を、上手に着こなすというのは、至難の業。脚のラインもしっかりと浮き立ってしまうし、コーディネートでなじませるのもなかなか難しい。さらに素材の良し悪しも如実に出てしまう手強い色だ。

それから、何にでも、そして誰にでも似合うという思い込みのせいか、黒のワードローブをじっくりと吟味せず手に入れてしまい、「なんだか垢抜けない」という状況に陥ってしまっている人も少なくない。

他の服とコーディネートしやすいベーシックカラーのボトムスが欲しいのであれば、ネイビーやグレーのほうが格段に着こなしやすいと思う。

黒は確かにミステリアスでとても魅力的な色だけれど、私のワードローブの中に黒いものはほとんどない。白く透き通るような肌ならまだしも、日々の運動のおかげでこんがり日焼けした私の肌には、黒は似合わないし、いっそうくすんで見える。それに小柄な私が黒を着ると、それをさらに強調してしまうというデメリットもある。

「無難だから」という理由で、服を選ぶのをやめることです。それが、あなたが本当に似合う服に出会い、そしておしゃれになるための近道だから。

日本人体型に合わない服は潔く諦めよう

黒のパンツと同様、日本人体型に合わないものがいくつかある。

例えば、ワイドパンツやガウチョパンツ、半端丈のフレアスカートなど、ボリュームのあるボトムス。これは170㎝以上の、すらりとした長身の女性がはいていたらとても格好よくて素敵なのだけれど、小柄な女性には残念ながら似合うとは言い難い。下半身にボリュームを持ってくると、脚の短さと身長の低さを強調してしまう。

そういった難易度の高いアイテムは、たとえトレンドでも潔く諦めて正解です。

流行だからと無理して取り入れると、数年後にその姿を写真で見て、その過去をなかったことにしたくなるほど悲しくなること必至。特に「若気のいたり」という言葉を使えなくなった大人の女性には、数年先を見越して服を選ぶという賢さが必要なのです。

小柄な体型をカバーする服と着こなし方

　そんな不幸を招かないためにも、たくさん鏡を見て、自分に似合うもの、似合わないものをリストアップし、頭の中にインプットしておきましょう。私は、子供の頃から鏡を見続けてきた成果もあり、似合う服の基準はとても明確。そして、選ぶ服やアクセサリーには、いくつかはずせないルールがあるのです。

・腕まくりしてサマになるトップス（腕の抜け感はマスト。腕を全部覆ってしまうと寸詰まりな印象になり、ちびっ子の私はいっそう小柄に見えてしまう）
・襟はシャツ型か、深めのVネック、もしくはタートルネック（これは首のシワも隠してくれるから大好き）
・ポケットのあるボトムス（バッグはあまり持たない主義のため、手持ち無沙汰なときポケットに手を入れると、立ったときにバランスが取りやすい。また携帯電話やクレジットカードケースなど、必要最小限のものを入れるのにも便利）

・パンツはくるぶしが見える短め丈、もしくはロールアップ（脚が長く見える視覚効果を生む）

・バッグはミニバッグ、またはパソコンも入る大ぶりバッグのどちらかだけ（理想は〝手ぶら〟なのだけれど、仕事やパーティでは必要なときもある。仕事では、A4サイズの資料やPCが入る大ぶりバッグ。パーティでドレスアップした際にはドレッシーなミニバッグ、というように2タイプが私のバッグの基本）

一方、絶対に取り入れないというものもある。深いUネックのトップス（Vではなくラウンドネック）、プレーンなハイヒール、バギーパンツ、フレアスカートは、似合わないし私らしくないアイテムなので、たとえ流行になっても絶対に買わない。真冬であろうとストッキングは絶対にはかないし、靴は木型が自分の足に合うブランドのものしか買わない。それから着ぶくれするような、ビッグボリュームのニットも絶対に着ない。

雑誌のテーマのタイトルになるような「おしゃれの冒険」なんて、大人には必要ありません！　むしろ、50代の女性にとっては「自分のスタンダード」をクリアにしておくほうが、よっぽど重要。そのためには、やっぱり鏡をよく見て、自分を客観的に隅々まで知ることが大切だ。〝自分仕様〟を把握すれば、ファッションだけでなく、生活の質はぐっと向上して快適になるでしょう。

１５００円のＴシャツでも必ず試着

どんなに素敵な服を見つけても、自分に似合わないものは絶対に買わない。これは私のファッションにおける一番のポリシー。

特に大切なのはサイズ感。驚くべきことに、日本で自分にぴったりのサイズの服を着ている女性を見ることは、かなり少ない！　女性は、平均的な体型の人もいれば、細身でもバストが大きかったり、ふくよかでもバストが小さかったりと、男性よりも体型がずっと複雑で、千差万別。だから、自分に本当にフィットする服を見つけるのが難しい反面、体型に合う服を身につけたときの洗練度もひときわアップするのだ。

だからこそ服の試着は欠かせない。試着もしないで服を買う人もいるというけれど、それでたまたまぴったりと似合うものを手にすることができれば、とてもラッキーなだけで、たいていは「なんか思ったのと違うけれど、まあ、いいか」というような状況に陥ってしまっているのではないでしょうか？　この「まあ、いいか」が、決定的な見た目の差を生んでしまっていることに気づいている人が、あまりいないのがとても残念……。

私はたとえ1500円のTシャツだってじっくりと試着する。何しろTシャツというのは襟あきのフォルムや袖の太さ&長さ、身頃のラインなど、微妙な差異でまったく似合わなかったりするのだから。試着をしないで購入するなんて、私にしたらありえない！　だから自分にしっくりときたTシャツは色違いで大人買いしたり、何度もリピート買いしたりする。

日本では、Tシャツや下着など「その商品はご試着いただけません」なんて試着を断るお店もあるけれど、私からしたら、一番試着が必要な商品なのに、なぜ?? という感じ。

「それでしたら結構です！」と即座にお店を出てしまう。

試着するのが面倒臭いとか、その時間がもったいない、と言う人もいる。でも、似合わないものを買って、結局あまり着ないでタンスの肥やしになってしまうほうがよっぽどもったいないし、整理に余計な手間をかけることになる。何事も〝初めに手をかければ、あとが楽ちんで無駄がない〟と思うのは私だけでしょうか？

マイ ヴィンテージ×手頃な服で抜け感を

無駄が嫌い、という私の体質は、ファッションに限らず、ライフスタイル全般において言えることだけれど、私のコーディネート術には「実に無駄がない」と編集者からお褒めの言葉をいただいたので、皆さんにご紹介しましょう。

まず、私のワードローブは2つに分類される。一つはシーズンや時代を超えて愛用している「マイ ヴィンテージ」。祖母や母から受け継いだ'50年代の「シャネル」のオートクチュールや'70年代の「イヴ サンローラン」などの、今では手に入らない希少価値のあるもの。そして私の体にぴったりとフィットして30年来着続けている「コスチューム ナショナル」のベーシックなテーラードジャケット、今ではもう展開していないけれどとても素晴らしいデザインが魅力だった「チェザーレ ファブリ」のニットといった、もう手に入らなくてファッション的に価値の高いもの。

それから「ユニクロ」のインナーダウンや、「J．クルー」の白Tシャツなど、プライスに関係なく、時代を超えて活躍するアイテムが〝マイ定番〟として並んでいる。

もう一つは時代の気分を取り入れた「シーズンもの」。私が今注目している英国ブランド「メアリー カトランズ」のプリントものや、友人が立ち上げたシューズブランド「アルヴァロ」の靴など、今年らしいエッセンスをプラスしてくれるものだ（2017年現在）。基本的にこちらはシーズンごとに入れ替えるため、クローゼットの中に入る服の量は、常にほぼ変わらない。もちろん、シーズンものの中で特にお気に入りのものがあれば、マイ ヴィンテージやマイ定番に昇格するものもある。

でもマイ ヴィンテージで全身を固めることは絶対にしない。だって、それだけでは単に「時代錯誤のおばさん」になってしまうから。だからそこに、ファストファッションの服やセレクトショップで出会った新進のクリエイターの服、そして最新トレンドの服やバッグをバランスよくちりばめて、〝現代〟の香りを感じさせる肩の力の抜けたコーディネートに仕上げるのが、私のスタイル。

まずは今シーズンのテーマを決める

シーズンが始まる前に、私が必ずやることがある。それは、次シーズンのテーマを決めて、購入するアイテムを具体的にイメージすること。例えば、今シーズンは「スポーティカジュアル」とか、「キャサリン・ヘップバーン風」とか、具体的にイメージを絞ることで、買うべきアイテムもより具体的に見えてくる。同時に第一章のＰａｒｔ１でご紹介したクローゼットの棚卸しをすることで、今シーズンのマイ ファッションのテーマに欠けているものがわかるので、それを数点購入すればいいのです。こうすれば無駄な買い物もなし！

イメージが具体的につかめないという人は、「イメージボード」を作ってみるのもいいかもしれない。なりたい自分のイメージや素敵だと思う女性の写真を、ボードにコラージュしてみる。これはファッションデザイナーが、シーズンのテーマを決めてデザインの方向性やイメージを形作る段階で作る「ムードボード」のようなもので、私はこの作業を毎シーズン、頭の中で行っている。

こうやってシーズンのイメージを明確にすることで、次にすべきアクションが見えてくる。例えば、あなたのシーズンテーマが「キャサリン・ヘップバーンのような格好いい女性」だとして、イメージボードを作ったとする。彼女のスタイルを参考にワードローブを見渡してみると、マニッシュなスラックスが欠けていることや、シンプルで上質な白シャツを新調する時期だと気づいたり……。そうしたら、必要なものだけを買い足していけばいいし、買うものに迷いがなくなるはず。

それから、最近では優秀なスマートフォンのアプリもある。「Pinterest」などは、自分の気に入ったスナップをコレクションできるアプリで、気になった写真を保存すると、似たような写真があると次々にお知らせしてくれるというもの。そういったツールも利用してみるのもいいでしょう。

そうやってなりたい自分を視覚化すると、コーディネートや新たに手に入れるべきアイテムもがぜん浮かびやすい。それにリサーチを重ねることで、ファッションについての知識が身につき、どのアイテムやブランドをチェックすべきかも、より具体的に見えてくる。

でも、このとき気をつけなければならないのが、そのイメージがあなたのライフスタイルにフィットしているか、ということ。自分とまったくかけ離れた世界に生きる有名人やインスタグラマーをまるっきり真似たって、あなたらしいスタイルはでき上がらないのだから。

毎日の服のコーディネート、迷う時間をゼロに

さて、そうして手に入れた新しいアイテムは、マイ ヴィンテージとのコーディネートも考慮しておく。そしてそれぞれのアイテムでできるコーディネートパターン（トップス、ボトムス、アウター、靴、バッグ、アクセサリーまで、すべての組み合わせ）を、シーズン初めに決めてしまう。一度決めてしまえば、あとは驚くほど楽ちん！　今日はパターン1、明日はパターン2……というように、決められたコーディネートを選ぶだけ。

私はこれを何十年と続けているので、コーディネートパターンは頭に入っているけれど、作ったパターンを覚えられない、という人は、組んだコーディネートを写真に撮っておいてもよいかもしれない。それを見て必要なアイテムをピックアップすればいいのだから。すると、朝コーディネートがなかなか決まらなくて家を出るのが遅れた、なんていう

事態は絶対に起こらない。ね、簡単でしょ？

普通の服は単なる古着、ヴィンテージにはならない

私のファッションの軸となっている「マイ ヴィンテージ」だけれども、「では、マイ ヴィンテージの基準は何？」と問われると、う〜ん、これはなかなか難しい。

まずはヴィンテージの定義として、10年以上経っているということが、ファッションの世界では前提。加え、私の中で「マイ ヴィンテージ」に昇格するか否かは、

・オリジナリティがある
・10年後も価値を失わない普遍的なデザイン性がある
・上質である
・機械ではなし得ない手仕事の素晴らしさを持っている
・自分に似合っている

具体的にはこういった要素を持っているかどうか、なのだけれども、それ以外にも長年ファッション業界で培われてきた〝勘〟のようなものが、第一の判断基準となっている。

それはブランドものだけに限らない。マイ ヴィンテージの中には、私が何十年も愛用しているチュニックがあるのだけれども、これはパリのヴィンテージショップで購入したもので、おそらくカトリックの祭事に使われたのではないかと思われるような、見事な刺《し》繍《しゅう》が施されたもの。とても可愛くってお気に入りで毎年活躍しているのだけれど、これは何人ものデザイナーの友人たちからも、「一度貸して」とか「それどこの服？」と言われるほどの大人気。

だから、マイ ヴィンテージに育てるためには、よーく目を凝らして、ブランド名に惑わされることなく、〝真に価値あるもの〟を見極める目を養うことが必要です。

一方、ファストファッションで大量生産されたものや、いくらおしゃれでもトップメゾンのコピー品のようなアイテムは、「ヴィンテージ」となることは決してない。それはあくまで〝古着〟。Tシャツは10年経っても、ただのTシャツなのだ。でも古着だって、いいものは長く使えるのだから、大切にしましょう。

本当に投資すべき服の見極め方

そうは言っても、ヴィンテージになりそうなものなんて、そうそうわからないわ、と思っている人は、まず自分のワードローブの中でも、特に大切で、価値があると思えるものを10点くらいに絞り込んでみて。そしてそれを自分の「マイ ヴィンテージ」として、もし次に手に入れた素敵な服がシーズンや時代を超えてキープしたいと思えるものであったら、それが自分のベスト10に入るものかどうかをジャッジ。それがマイ ヴィンテージに仲間入りをするのであれば、11番目に降格した服は、潔くさよならする。そうしたら服は増えていくことはなく、むしろ美しい素敵な服だけが残っていくのだ。

実は、これはいわゆるアートコレクターたちの手法と一緒。彼らはむやみに作品を収集するのではなくて、自分のコレクションをしっかり管理し続けている。いいものを手に入れたら、その中で一番下位のものを手放す。そうしていくとコレクションのレベルはどんどんアップしていく。実に合理的で、無駄がないでしょ？

「いつも同じような服」なのを怖がらない

これまでにお話しした通り、私のクローゼットの中身はシーズンごとの入れ替え制。そして今シーズン着るものは1ラックに絞り込んでいる。

ただ「あんまり少ないと、いつも同じ服を着ている人、服を持っていない可哀想な人と思われそうで不安」なんて思う方もいるかもしれない。でもクリエイティビティを働かせれば、一着で実にいろいろなシーンでも対応できるし、アクセサリーや靴、ジャケットを替えるだけでイメージを変えることもできる。そのテクニックを駆使すれば、旅行だってわずかなワードローブで賢く過ごすことができるのです。

着る機会がほとんどないのに、素敵だからとドレッシーな服を買ったって、そんなものはただの宝の持ち腐れ。だから買うときには、その服はあなたのライフスタイルのどんなシーンで活躍するのか、そんな想像を働かせてみて。

欧米の女性だって、パーティなどでカクテルドレスやイヴニングドレスを必要とされる場面では、買わずにレンタルするなど、賢く乗り切っている人も多い。

それに「いつも同じ服を着ている」ことで、自分のイメージを植え付けることができるし、「いつも定番のトレンチコートを素敵に着こなしている人」とか、服を上手に着こなしているイメージがつくほうが、よっぽど嬉しいと思いませんか？

かのジョルジオ・アルマーニもいつもTシャツにデニム。カール・ラガーフェルドだって黒のスーツに白いシャツというお決まりのスタイルがある。おしゃれな人こそ、自分の本当に似合うものをよく知っていて、それを突き詰めているのだ。

だからこそ、クローゼットに並べる服は、吟味に吟味を重ねなくてはならない。自分の体に本当にフィットして、シーズン中飽きることなく使え、自分を素敵に演出してくれるものを、じっくりと厳選しましょう。

歩けない靴はもう買わない

美しい歩き方は、おしゃれに欠かせないというのが、私の持論。だから靴選びには、とってもこだわりがある。

木型が合わないものは買わないというのは大前提。なおかつホールド力のないハイヒールパンプスは履かない。

そう言ったら「え？　でもこんなにヒールの高いサンダルを履いているじゃないですか？」と返されたのだけれど、そこには私のルールがあって、私の靴コレクションの中でもヒールの高いものはたいていアンクルストラップが付いているのだ。この一本のストラップがあるかないかで、靴の安定感は確実に違う。

特に50代ともなると脚の筋力の衰えを感じている方も多いのではないでしょうか。ハイヒールを履きたいからと無理に履いておかしな歩き方になっているご婦人を見かけることもあるけれど、それならヒールのない靴で美しく歩くことを心がけたほうが、体にとっても、見た目にもいいでしょう。

それから、自分の足の形を把握することはとても重要。私は土踏まずのアーチが人より随分と高いため、購入後すぐに補正クッションを入れてカスタマイズする。スニーカーにまでクッションを入れると言ったら、とても驚かれたが（笑）、あらゆるものを自分仕様にしておくと、生活のストレスはぐっと減るし、快適さが違う！　特にヒール靴は土踏まずがフィットすることで安定感が格段にアップするし、疲れにくくなる。最近長時間歩くと疲れるという人は、ぜひ試してみて。

ファストファッションやセールとは、うまく付き合う

「熊倉さんはセールなんて行かないですよね？」と聞かれた。いえいえ、大好きです！（笑）特に最後の最後、80〜90％オフになっている超お買い得品の中から、掘り出しものを見つけたときの喜びは一入《ひとしお》（笑）。

でも実は、セールの最初には飛びつかない。まず、シーズンが終わろうとしているのに、今からシーズンのトレンドものを購入したところで、あまり意味がないと思うから。それに多くの人が言っているように、ちょっとお買い得になったからといって購買意欲がいつも以上に盛り上がっているときって、意外と冷静に必要なものを見極められなかったりするのだ。

だから、シーズンもので本当に欲しいと思っているものは、シーズンが始まる前、もしくはシーズンの頭に手に入れる。そしてセールでは、今必要なもの、例えばいつも愛用し

ているTシャツとか、ちょっと肌寒いときに羽織りたいベーシックなブルゾンとか、インナーダウンとか、シーズンやトレンドに関係ないものを買うことが多い。もしくは来シーズンを見越してこれから活躍しそうなものを買う。

実を言うと、私が愛用している「J.クルー」のコットンTシャツや「ユニクロ」のインナーダウンは、そんなふうにして手に入れたもの。ただでさえリーズナブルなのに、セールになったときの破格さは相当なものだった。5ドルや15ドルで買って、もう何年も活躍してくれるなんて、本当にいい買い物だったとしみじみ思う。

いいものや必要なものが安く手に入るなら、それを利用しない手はない。でも必要のないものを安いからといって買ってしまうのは、本末転倒です。安いから、いつか役立つかも、といって安易に買うのではなく、自分の大切なワードローブに心地よくフィットするかを十分考えて、購入する癖をつけていくことが肝心。ファストファッションやセールとは、程よい距離を保ってお付き合いしましょう。

MASAKO'S WARDROBE

大人の女性をきれいに見せるのは体型に合う服と着こなし方法

長袖は常に腕まくりして小柄な体型をすっきり見せる

「小柄な私にとって、肘から先の肌見せは絶対。実は腕全体を覆ってしまうと、全身が重たく、寸詰まりな印象に。だからジャケットもボタンをはずして腕まくりできるものをチョイス」

デニムはくるぶし丈黒い靴はヌーディなものを選ぶ

「フィギュアスケート選手が足先までベージュで覆うように、肌がのぞいていると脚をぐっと長く見せる効果が。デニムはくるぶし丈、ヒール靴はヌーディなデザインで足元に必ず抜け感を出します」

ある日の夜のお出かけスタイル。「バッグと靴をドレッシーなものにするだけで、ビジネスから夜のお出かけにも対応」 長年愛用しているコスチューム ナショナルのジャケット、J. クルーのコットンTシャツ、日本で購入したレッドカードのデニム、シャネルのパーティバッグ、ジャンヴィト ロッシのサンダル（すべて本人私物）。

"マイ ヴィンテージ"×新しい服が基本スタイル

有名デザイナーたちも絶賛ヴィンテージショップで見つけた祭事用の衣装

パリのヴィンテージショップで見つけた、手の込んだ刺繍が施された年代もののチュニック。「カトリック系の祭事に使われていたかと思われるもので、有名デザイナーたちからも『一度貸して！』と声をかけられるほど大人気」

イヴ サンローランの見事なブラウスはカジュアルなアイテムに合わせて

マイ ヴィンテージ コレクションの中でもお気に入りのトム・フォード時代のイヴ サンローランのブラウスにカレント エリオットのホワイトデニム、アルヴァロのラミネートサンダルをコーディネート。

「よく『それどこの？』と聞かれるこのブルゾンは、実はユニクロ×ジル・サンダーのコラボライン「＋Ｊ」が誕生して間もない頃のもの。何年も愛用しているアイテムで、驚きのコスパ！　デニムはもちろん、ゴルフもドレスアップにも活用。家で簡単に洗えるのも◎です」

アイウエア、時計は機能的でポイントになるものを

（上・上左）「自分が遠近両用の眼鏡が必要となったとき、見渡せばおしゃれなデザインはゼロ。そこで一念発起してブランドを立ち上げることに。ポイントになるデザインなら、薄化粧でも顔周りを華やかに演出できて一石二鳥」（左）「アクセサリーをじゃらじゃら身につけるのは苦手。数少ない好きなアクセサリーで、以前は服に合わせて毎日替えていた時計も、最近はワークアウトの計測に便利なアップルウォッチばかり。すっかりアディクトです（笑）」

サングラスは2017年より本格スタートした、世界初のファッションプログレスリディンググラスのブランド「mEeyye」のもの。「見た目はトレンドのファッションサングラス。誰もリーディンググラスって気づかないでしょ!?」J.クルーのサファリシャツ×メアリー カトランズのプリントロングプリーツスカートとともに。

Column

旅するクローゼットは15分で準備完了！

昔から、仕事でもプライベートでも、常に世界のあちこちを移動しているため、もはやパッキングは自称プロ中のプロ(笑)。例えば3週間ほどの真冬の旅であっても、持参するのは大きなトランクと機内持ち込み用のミニトランクの2つだけで足りてしまう。

今は、住んでいるカリフォルニアを拠点に、1～2ヵ月に一度は東京、パリ、上海などに数週間、長いときは1ヵ月半程度の旅をする。だから旅支度は、クローゼットをそのまま移動する感じ。「クローゼットの中身全部、なんて詰め込みすぎでしょ!?」と言われそうだけれど、普段から私のワードローブは1ラック分なので、トランク2つに収めることは、そんなに骨の折れる仕事ではな

(右) リモアのスーツケース2つにこれだけの荷物を収納！　長期で旅することが多いので、クローゼットの中身をそのまま移動。(上) バッグはビジネス用の大きいものと夜のお出かけ用のミニバッグの2タイプ

いのです。しかも、すべてシーズン前にコーディネートを決めているので、組み合わせを考える必要もなし（もちろん季節が違う場所に行く場合はアイテムを追加）。

　そして肝心なのは、服の運び方。いつでも旅に出られるように、ハンガーは自宅でも極薄のものを使っていて、かけたままスーツケースへ。そしてホテルに到着したらそのままホテルのクローゼットへ。自宅↓ホテルと収納場所が移動するだけで、余計な手間がかからない！

　熊倉流のパッキングのコツを伝授すると……まずハンガーは薄いものが必須。4〜5着の服を少しずつずらしながら入れ、また反対側から同様に。それを繰り返す。するとデッドスペースもなく収まり気分も爽快！　普段から使うものを厳選して、コーディネートも決めておくと、気軽に旅に出られるし、フットワークも軽くなる。無駄のないクローゼットは旅のストレスもかからない、ということなのです。

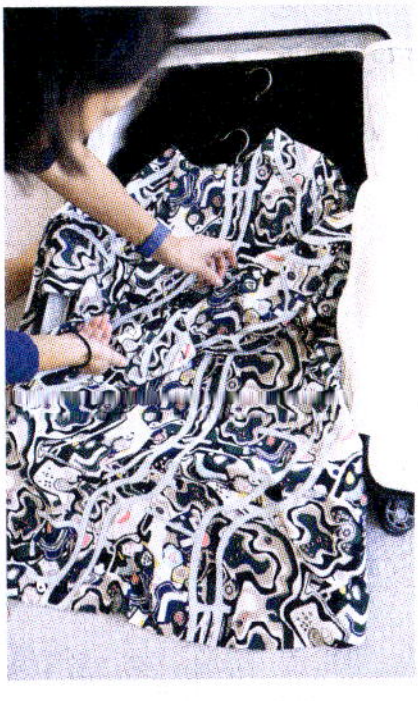
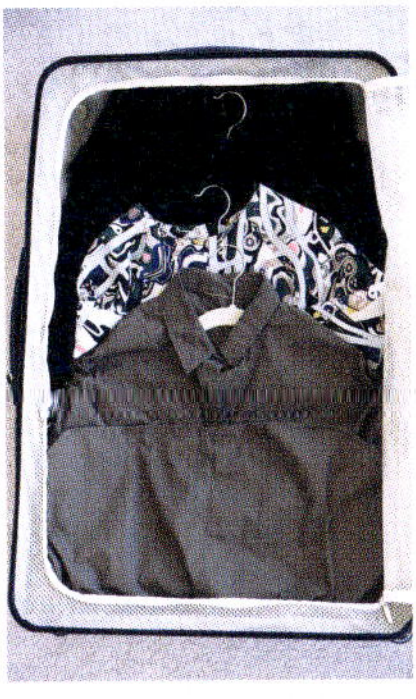
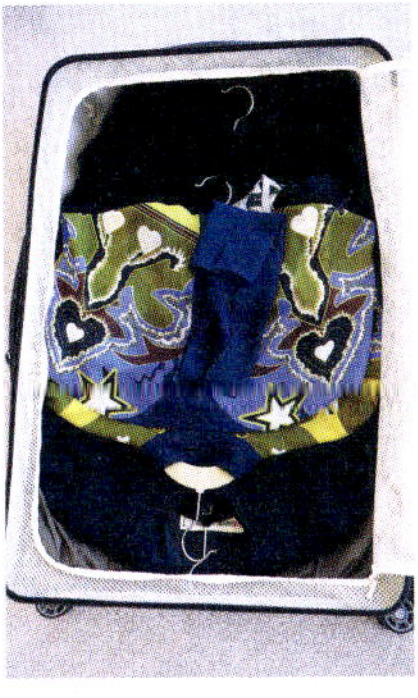

Chapter 2 Summarize

03

熊倉流
ワードローブの作り方

黒のパンツなど、
日本人体型に合わない服は潔く諦める

●

体型に合う「自分のスタンダード」服と
着こなし方を明確にする

●

どんなに安い服でも試着なしでは買わない

●

まず今シーズンのテーマを決めてから、
必要なものだけを買い足す

●

シーズン初めに靴、バッグまで
全身コーディネートを何パターンか作る

●

取っておく価値のあるマイ ヴィンテージアイテムを
絞り込み、それ以外は適宜処分

●

靴はきちんと歩けるものだけ厳選し、
必要なら足に合わせて補正する

●

ファストファッションやセールとは、うまく付き合う

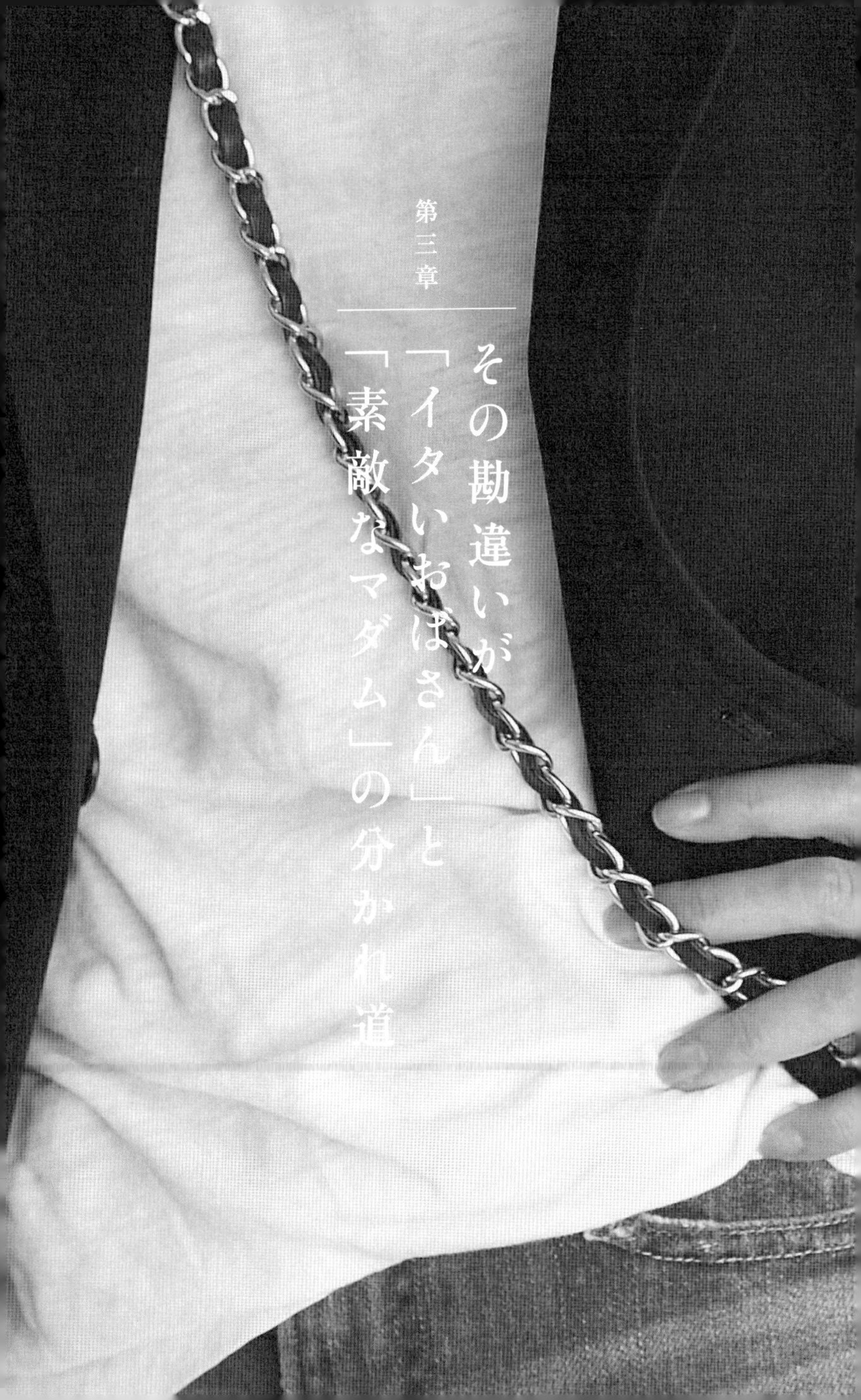

第三章

その勘違いが「イタいおばさん」と「素敵なマダム」の分かれ道

50代からは生まれ持った美醜は関係なくなる

皆さんの周りにもこんな方たちがいらっしゃらないだろうか？

学生時代や20代のときは目を引くほどの美人だったのに、50代になって再会したら、その面影もなかった同級生。

反対に、若い頃は美人とはお世辞にも言えなかった女の子が、びっくりするほど若々しく、むしろ若い頃よりも美しいとさえ思える素敵な女性に変身していた。

50代はまさにこの岐路なのだと、その渦中にある私は実感している。40代までは生まれ持った美醜がそのまま通ってきたことでしょう。しかし、50代はその顔や体にその人の〝努力〟や〝生き方〟が表れる世代。つまりどんなに美しかった人も〝醜く〟なってしまうこともあるし、逆にそうでもなかった人が日頃の行い次第で〝きれい〟になれることもある。若い頃よりも努力の差は顕著に表れるのだから、これは多くの女性にとって試練であると同時に大きなチャンスだと言える。そう、きれいへのチャンスは、今こそ平等に与えられているのです。

だから私も50代を迎える頃から、体作りや若々しい雰囲気を作り上げるための努力や研究を重ねてきた。日々の運動、スキンケア、身だしなみ、そして現れ始めたアラのカバーの仕方！　それは少なからず今の私に生かされていると思う。

年をとったら華やかに、は大きな勘違い

しかし、努力の方向性を見誤ってしまうと、痛々しい結果に陥ってしまうのも50代を待ち受ける手強い落とし穴。美しくなりたい、若さを保ちたいというモチベーションは、賛辞を送るに値するのだけれど、それが過剰になると余計に年齢を感じさせてしまうというトリックがある。

ここ数年日本に帰るたびに感じていたのは、大人の女性、特に50歳以上の女性たちのファッションやメイクが、その人の年齢や個性とマッチしていないということ。

あるときはアイロンを髪に何時間あてたのかと思うくらいの強烈な巻き髪ヘアに不自然なほど長いまつげエクステ、そしてラブリーな服をコーディネートした「おばさんプリン

セス」スタイル。

またあるときは、スワロフスキー付きのデコラキャップを頭にかぶり、レオパード柄のスウェットに「UGG」のムートンブーツと、パンチの利いたアイテムを全身にちりばめた「ド派手カジュアル」スタイルなど、若々しさを意識するあまり、〝なんだかイタい若作りのおばさん〟に陥ってしまっている人も見かける。


メイクも同様。アラを隠すために重ねられたファンデーションや盛られたメイクは、むしろその人と現代を切り離す厚い壁となっているようにさえ感じられる。特にファンデーションを粉が吹くほどに厚塗りしていることほど、老けた印象を作り上げるものはない、と私は固く信じているのだが、いかがでしょうか？

年をとればとるほどファンデーションのノリが悪くなるのだから、これはむしろ逆効果ではなかろうか。だから年齢を重ねるほどにメイクはシンプルにしていくべき、というのが私の持論。薄作りのナチュラルな肌に、マスカラと濃いリップだけをキュッと利かせている大人の女性って、なんだか素敵でしょ⁉　あとはヘアと手元のケアが行き届いていたら、きっとそれだけで美しいオーラがにじみ出るはず。

だから私も細部のケアはとても大切にしている。

大人の女性に「年相応」のファッションやメイクというと、「＝地味」と捉えがちだけれど、そうではない。50代は豊かな人生経験があるからこそ、その余韻を感じさせるシンプルシックな服や、余裕を漂わせるシンプルメイクが似合うようになってきた、女性として成熟した世代なのですよ。

服やメイクでごまかすのではなく、もっと生身の自分が武器となるようなおしゃれを楽しみましょう！

定期的に自分の写真を見て現実を知る

皆さん、ご自分の写真をマメに撮っていますか？　「もう若くないし、そんなに写真を撮ることもなくなったわ」とおっしゃる気持ちもよくわかるけれど、長らく写真を撮ったことのない人ほど、要注意！

第一章のＰａｒｔ１でもお話しした通り、写真は無意識の部分や鏡を見ただけでは感じ取ることのできない「客観的に見た自分」を手厳しく、正直に表現してくれるものだから。

私は、離れた家族や友人たちとの思い出を携帯していたいということもあり、そして自分が大好きなこともあり（笑）、写真をよく撮るほうだ。

いいや、実はこれに気付いたのは、今回の本を出すにあたり取材を受けていたときのこと。「熊倉さんのヘアスタイルの変遷を見せてください」と言われて、「あまり最近のものはないかなぁ」なんて言いながら、パソコン内の写真フォルダを見ていたら、自分の想像以上に写真を撮っていることに気付いた。編集者の方曰《いわ》く、「大人の女性でこんなに自分の写真をマメに撮っている方、なかなかいないですよね」とのこと。

それは誉め言葉だったのか、そうでなかったのかは別として、彼女に「自分の変遷を見るというのは、今の自分を客観的に見るのに欠かせないですね」と言われ、私自身はそのことに無意識だったのだが、本当にその通りだと大きく頷いてしまった。

写真を見て「あれ、私こんな感じだったかしら？」とか、「なんだか写真写りが悪いわね」などと思うことが増えてきているとしたら、それは「あなたの把握しているあなた」

の現状がアップデートされていないということかもしれない。それは、洋服選びやメイクアップにおいて、間違ったチョイスをしてしまう大きな理由の一つだ。

もしかしたら、横や頭頂部から見たときの髪の毛のボリュームが減ったとか、自分からは見えない角度から見ると顎《あご》のラインが曖昧《あいまい》になったとか、自分が思っている以上に姿勢が悪かったとか、後ろ姿が想像をはるかに超えて丸みを帯びていたとか。鏡を見るだけでは知りえなかった「本当の自分」を見ることができるかもしれない。

だから私は自分の写真をマメに撮ることをおすすめする。写真は現実を映し出すアイテム。同時に見られていることを意識させてくれるものでもある。写真に慣れるということは、見られている状態に慣れるということ。

まずは全身が映る大きな鏡の前で自分を撮ってみる。立ち方や姿勢、ヘアスタイルだって、誰かに見せるつもりで撮れば、ポーズやコーディネートも意識するでしょう？　有名スタイリストたちだって、インスタグラムにアップするセルフィーを撮り続けることで、どんどん洗練されていっているのだから、一般女性ならなおのこと大きく変化していくと思うのです。

目を背けず、自分の現実を知ることが大切。もしショックを受けたとしたら、それはきれいになるためのチャンスを得たということ。そこで奮い立つ人だけが、「50代のきれい」へと向かう切符を手に入れられるのです。

ヘア&メイク、10年前から変えていない人は要注意

写真を見ていくと、自分のファッションやヘア&メイクを見ているだけでも、時代背景がわかったりするものですよね。「あれ、でも私10年前からヘア&メイク変えていない」なんて思った人、それって危険信号ですよ。

老けて見える条件の一つに「昔と変わらないヘア&メイク」というのがある。お気に入りのリップやチークを長年使い続けていたり、行きつけの美容院で「いつもと同じスタイルで」というオーダーを数年繰り返しているとしたら、時代から取り残されているかもしれないサイン。

一度、それが今の自分に本当に似合っているのか、時代にフィットしているのか、鏡と

向き合ってみてはいかがでしょう。意外にも若い頃に美貌を誇っていた人が、自分が輝いていた時代のヘア&メイクに囚われている、なんていうケースもある。

私は40歳までは真っ赤なリップをつけ続けていた。でもある日、なんだかその色が自分の肌色や肌の質感にしっくりこないことに気づいたのです。時代の空気や、年齢を重ねるにつれて肌感が変わったことで、赤い色が似合わなくなっていたのですね。そこで、その日から赤いリップを封印。ところが、55歳を過ぎた頃から、再び赤いリップが似合うようになってきたのだ。それで先日「トム フォード」の赤いリップを購入したのだけれど、それが年中日焼けぎみの私の肌にぴったりと合って、今の私に欠かせないマストコスメの一つになった。

そんなふうに年齢とともに俯瞰《ふかん》的に自分を眺めてみて、自分のいろいろな点を見直すようにしている。

そしてヘアスタイルも数年に一度はイメージチェンジ。そしてそのスタイルもその時々の気分によって少しずつマイナーチェンジしている。これまで私は肩より長い髪をゆるく巻いていることが多かったのだが、去年思い切ってストレートボブにしてみた。すると、周囲からも若々しく見えると大好評！

ヘアスタイリングやメイクアップは毎日するものだから、それが年とともに似合わなくなっているのかどうか、というジャッジはなかなか難しい。でも、判断を曖昧にしておくと、あなたの印象がなんだか垢抜けないものになってしまうだろう。

半世紀も生きてきて自分のスタイルがしっかり染みついている50代。流行に縛られる必要はないけれど、せっかく今を生きているのだから、ほんの少し時代の空気を取り入れたヘア&メイクに挑戦してみてもいいでしょう。すると今を楽しんでいる女性として、いっそう輝いて見えるはず。

シミやシワに囚われすぎない

そうやってヘア&メイクをアップデートし続けていれば、全体の雰囲気はぐっと若返って、実は肌のシミやシワなんかも意外とごまかせてしまうものだと思う。だから、私はもう小さなシミやシワにはあまり囚われないことに決めたのです。

天候に恵まれた日差しの強いカリフォルニアに住んでいることもあり、ランニング、ゴルフ、テニスと、おかまいなしに日焼けする日々を続けている私は、もちろん顔にはホクロやシミもでき、シワだって刻まれている。

私の場合はシミよりホクロが増えるほうが目立ち、一つ、二つと、数を数えていたのだが、結局は増え続けるホクロを数えているうちに、年齢的にもライフスタイル的にもあって当然、しょうがないと腹をくくるようになったのだ。

私の理想は自然に年をとることだけれど、同時に年なりにきれいでいたいという思いもやっぱりあって、最近では科学の力を多少お借りすることにしている。48歳から年に一度レーザー治療を受け始め、最近では年に3回ほどに増えている。もしかして、来年になったらもう少し増えているのかしら？

ただしボトックスなど、顔に何かを注入するのは、不自然な顔立ちになっている人をよく見かけるから、今のところはやらない主義。私の理想はあくまでナチュラルで、年相応の美しさを身につけることだから。

私の印象では、日本人女性、というよりもアジア女性全般に関して言えることなのだけれど、シミやシワに対する拒絶反応がとても強いように感じる。それは「美しさ＝若さ」

というふうに解釈されている節があるからではないでしょうか。

でも年齢を重ねたからこその美しさもあるはずだし、日本ではそれが見過ごされがちなのがちょっと悲しくもある。

いずれにしても、人間誰しも年老いていくのは止められない。だけれど、なるべく自然に楽しそうな顔をしていることを心がけたり、姿勢や立ち居振る舞いに気をつけたりすることで〝老けた印象〟はだいぶ払拭できるのではないだろうか。エイジングの気配は、若々しい雰囲気と笑顔でカバーするのが一番だと信じている。だって、老いも若きも、笑顔でハッピーな空気が溢れている人は、やっぱり素敵だもの！

大人にはジュエリーより末端ケアのほうが有効

年齢を重ねるほどにファッションやメイクで飾ることでごまかすのではなく、もっと大人ならではの成熟した内面や、細やかさを武器にしていくべきだと思うのです。

よく雑誌なんかでは、「年齢を重ねるほどゴージャスなジュエリーが似合う」とか、「寂しくなりがちな大人の肌こそ、華やかなメイクアップを」なんていう提案もあるけれど、私はまったく逆の考え。

ジュエリーは必要最小限が美しいと思うし、もともと体にジャラジャラとアクセサリーをつけるのがちょっと苦手。なので、これまでもイヤリングや時計、ブレスレット以外に、装飾品を身につけるということはあまりなかった。

もちろんジュエラー「ブシュロン」のワールドワイド コミュニケーションズディレクター時代は、ジュエリーのおしゃれを提案する側の人間だったので、お気に入りのブレスレットを毎日身につけていたのだけれど、私がジュエリーを欠かさず身につけていたのは、後にも先にもその4年半だけ。

ただ、大きなブレスレットは大好きで、今でも時々身につけることがある。でも、ジュエリーを身につけるときはインパクトのあるものを1点だけというふうに自分でルールを決めている。

一方、常に時間を意識しておきたい性分の私は、時計だけは毎日欠かさず身につけていた。カジュアルファッションの日、ドレスアップのときなど、コーディネートに合わせてチョイスしていたのだけれど、最近はそれさえも昨年夫からプレゼントされたアップルウォッチにとって代わられてしまった。

むしろ今では、すっかりアップルウォッチ　アディクト！　毎日スポーツを欠かさない私は、アップルウォッチで日々の運動の記録や心拍数のチェックなどをしているのだが、つけないで家を出てしまった日など、一日中悔やんでしまうほど損した気分になる。もう、アップルウォッチ様に支配されてしまっています（笑）。

そんなわけで、ジュエリーにはそれほど興味のない私は、ネイルやヘアなど身だしなみを完璧にすることを心がけている。だって、末端のケアが行き届いている人は、ジュエリーの輝きなど必要ないほど、優雅なオーラを醸し出すと信じているから。人は無意識に、そういったところから美しさを感じ取っているものだと思うのです。

実は、先日そのことを強く実感する出来事があった。数年ぶりに昔からの友人に再会したのだけれど、私は彼女を一目見てハッとした。それはその友人が、急に老け込んだように見えたから。

久方ぶりの会話に気もそぞろに、どうしてだろうとじっくりと彼女を見ていたら、その理由が見えてきた。それは彼女のヘアのせいだった。「髪は女の命」と言うけれど、まさにその通り。髪が豊かでケアが行き届いていると、女性は本当に若々しく美しく見えるものなのだ。しかし、年を重ねればどんな女性だって髪は痩せていき、毛量も減り、輝きを失っていく。だから、そのケアに力を入れるか否かで、印象は格段に変わってくる。

そういったこともあり、近年私はますます日々のヘアケアに力を入れるようになった。中でも私が気をつけているのが、ブロー。シャンプーをしたあと、5分かけてドライヤーとロールブラシを使って、頭頂部の髪の根元を立たせるようにブローし、ボリュームを出すことを欠かさない。

毎日、この作業を丹念に（たった5分でも）行うのは面倒な作業なのだが、これを怠ると顔周りがびっくりするほど寂しくなってしまうので、絶対に手抜きできない。しかも頭頂部が欧米人に比べ高さがないため、その頭部の形を髪型でカバーする必要がある。

最近毛量が減ってきたという人や頭の形に悩みのある人はぜひ試してほしいし、それでも寂しいという人は部分用ウィッグを活用したりと、若々しく見えるヘアスタイルを研究してみてほしい。

私は、3週間に一度（白髪部分が伸びてきてしまうので、一日たりとも遅れず！）ヘアサロンでカラーリングとカットを欠かさない。メインのサロンはパリで、そのメインスタイリストが指示を出すスタイルをニューポートビーチで忠実に再現してもらう（だから長期の出張や旅行のときはメンテナンスのタイミングを、事前に綿密に計画しなくてはならないのだ。これがなかなか大変！）。

ヘアカラーは自然な陰影や髪色にするため、とても細かくメッシュを入れてもらう。メッシュというと一部分だけすごく明るい色を入れるように思われがちだが、人間の髪色はもともと均一ではないそうで、そのナチュラルさを出すためのものだそう。そうするとヘアスタイルがぐっと軽やかに見えるのだ。

また、手先、足先のケアも重要。メイクは薄い分、マニキュアとペディキュアははげることなくいつでも完璧にしておきたい。しかも私は爪が伸びるのが人よりも速いので、こまめにサロンには通わなくてはならない（涙）。

マニキュアは必ずナチュラルで、〝さりげなく手入れの行き届いた手先〟をキープするようにしている。丁寧に形を整え、爪の表面と甘皮ケアをし（甘皮をカットするのはサイドのみ）、仕上げはトップコートのみの、すっぴん風マニキュア。私は手の指にカラーをのせることはない。というのも、ちょっとした潔癖性の私は少しでもマニキュアがはげると気になってしょうがないから！

その分、ペディキュアは色で遊んだりする（ペディキュアもはげたらすぐにネイルサロンに駆け込む）のだけれど、いつなんどきも臆することなく靴を脱げる、というのも大人の女性として意識したい身だしなみだと思うのです。

〝なんだかさえない〟〝老けた〟という印象は、大局の印象ではなく、細部のちょっとした乱れやケアの至らなさが作り出している。〝美は細部に宿る〟――。まさにそれこそ大人の美しさの根本なのではないでしょうか。

眼鏡、サングラスは大人の味方

そうはいっても、やっぱりメイクが薄い、アクセサリーがないのは心もとないという人におすすめしたいのが、サングラスや帽子などの顔周りの小物。これが目くらまし効果抜群なのです。

サングラスはメイクをしたくないときや、血色がよくないわ、なんていう日にさっとかければ、なんとなくサマになってしまう便利アイテム。しかも視線や表情も隠すことができ、疲れている日にはすごくいい！　さらに日差しから目元を守ってくれるから、目元のシミやシワも防いでくれて、大人には嬉しいことばかり！

そして意外とインパクトのあるデザインって、大人の女性には似合うのだ。だから、個性的なデザインのものを一つ持っているととても重宝する。

最近はリーディンググラス（老眼鏡）もとてもおしゃれだし、大人ならではの知的な雰囲気もアップするから、私も大好きなアイテム。いろんなデザインを取り入れて、気分に合わせて楽しんでみるのもいいかもしれない。

下着の選び方、つけ方で品性がわかる

そういえば先日、アメリカでとても面白くて、実に的を射ている風刺画を発見したのだ

けれど、それがアジア女性の見た目の変化を皮肉ったものだった。何もしなくてもきれいな10代、そして20代で結婚、30代で何人かの子供を持つまでずっと細くて美しい見た目を保っているのだけれど、中高年になっていきなり体型が変わって「おばちゃん」に突然変異してしまう様子を描いたものだった。

多くのアジア女性は、ある一定年齢を越えると急に自分の外見に構わなくなる、という皮肉で、それは私も日本に帰るたびに感じていたことだった。特に日本の50歳以上の女性は、人にどう見られるのか意識している人が少ないように思うのです。

そして、その緊張感の欠如は、見えないところのおしゃれ、つまり下着選びにも表れているのではないでしょうか。

先日、日本でエスカレーターに乗っていた際、すぐ前の女性の後ろ姿にぎょっとしてしまった。というのも彼女のボトムスのウエスト部分から、Tバックショーツの上部がひょっこりと顔を出していたから（どう見てもわざと出している感じではなかった……）。

今では、欧米ではあまりTバックは見かけなくなってきて、パンツのデザインと同様、ショーツも股上が深いデザインが再び主流になってきている。

私はもともとTバックの心もとないデザインが苦手で、腰をすっぽりと覆う深ばきタイプを愛用してきたのだが、これは下着がボトムスに響きにくいという点でもおすすめ（もちろんヒップハングのデニムが流行ったときはそれに合うショーツを使用していた）。

こういった、本来見せるべきものではないものが見えてしまっている詰めの甘さというのは、海外よりも日本でよく見る現象。欧米の女性の場合、わざと見せているケースも多いけれど、そうでない場合は皆かなり気をつけている。

だから私は出かける前にブラのストラップやショーツのライン、浅履きの靴下が見えていないか、全身の鏡を見ながら厳しくチェックする。

心当たりのある方は、出がけにちょっと一呼吸おくといいかもしれない。慌てて家を出るのではなく、まず、ドアを開ける前に鏡に自分の姿を映す習慣を身につけましょう。そして首まわり、後ろ姿、足元までしっかり確認。ほんの少しの余裕を持つだけで、大人の品格はぐっと増すのです。わずかな時間でできるチェックをプラスし、細やかに仕上げることで、おしゃれの質は一段も二段も上がるのだと思うから。

人に見られるものではないからと、つい手を抜きがちな下着。でも見えないからこそ、そのこだわりって、まとう空気となって滲み出るものだと思う。だから、私は下着には人一倍こだわりがある。もしかしたら、身につけるものの中で最も気を遣っているアイテムかもしれない。

私が何十年も愛用している下着は、フランスのブランド「エレス」のもの。

でも日本では数年で撤退してしまったと聞いてがっかり……。私が大好きなブランドに限って、日本では残念ながらそういった悲しい末路を迎えることも少なくない。

なので私はパリに行くと、必ずエレスのブティックをチェックする。エレスの下着はゴテゴテとした装飾がなくて上質、レースも繊細でとても品がよいのです。色もフランスブランドらしいニュアンスカラーが多く、見ているだけでも幸せな気分になってしまう。そして何よりつけ心地がいい！　高価だけれども、ブラのストラップは絶対に落ちてこないし、ゴムが肌に食い込むこともないし、品質がよく何年も使えるから、実はコストパフォーマンスがいい。なんと20年近くも愛用しているものがあるのです！　そういうと皆さんびっくりされるのだが、特別なケアをしてないけれどヨレもないし、とても長持ちしていて、この耐久性は一生ものかもしれないとさえ思ってしまう。

一方でとても繊細なレースのショーツをはいているときに、うっかり引っ張って爪で穴をあけてしまい、ものすごく落ち込んだこともある。

だからこそ、ちょっとした動きにも気をつけるし、それが女性らしい仕草にもつながる気がするのだ。それによい下着を身につけているというのは、精神的にも身が引き締まる。見えないところにこそ上質なものを選ぶ、という密かなこだわりが、その人が醸す空気に〝余裕〟を生むのだと感じる。

セクシーとエロティックをはき違えない

皆さんは「セクシー」という言葉をどのように捉えていらっしゃるでしょうか？　日本人と欧米人の感覚がかなり違うのがこの「セクシー」の捉え方。日本ではこの言葉を、セクシュアルな意味合いで捉えている人が多い気がする。

特に最近では40歳以上でも年齢より若くてセクシー（ここでの「セクシー」はセクシュアルな雰囲気が重視されている）、そして女であることを捨てない、という女性を持ち上げる風潮があるという話を耳にした。

しかし、欧米では、「セクシー」という表現は、「ビューティフル（美しい）」に近い感覚で使うことが多い。だから「今日セクシーだね」というのは、「今日のファッション、素敵だね」ということ。むしろ、男性ウケを狙ったファッションの女性は、「娼婦のようだ」と表現されることがある。〝安い女〟として目に映るのだ。

つまり男性の目を引きつけるための肌の露出は、「セクシー」ではなく「エロティック」。おそらく日本でも「セクシー」は褒め言葉だが、「その服、エロティックね」と言われて喜ぶ人はいないでしょう（もしかして一部の女性は喜ぶのかもしれないけれど……）。

それに若い女性が胸元が大きくあいた服や、超ミニスカートをはいているのならともかく、50歳前後のおばさんが大胆に肌を露出したエロティックなファッションをしていたら、洋の東西を問わず、男性だってギョッとするのではないかしら⁉

もちろん、大人の女性ならではの色香、というのは魅力的。だけど、それって洋服だけで演出できるものではないのだと私は考えている。本当のセクシーさというのは、あくまで内側から滲み出るものだと思うから。自分のチャームを知り尽くした大人の女性こそ、年相応の美しさを大切にし、正しい「セクシー」の感覚をつかんでほしいものです。

Chapter 3 Summarize

04

「イタいおばさん」にならないために

年齢を重ねたら服もメイクも
シンプルにするほうが素敵

●

定期的に自分の写真を見て、
ヘア&メイクが古くなっていないか確認する

●

シミやシワより、
姿勢や立ち居振る舞いに気をつける

●

髪型、手先、足先のケアや下着の選び方を
おろそかにすると〝老けた〞印象に

●

年相応の美しさを大切に。
過剰なセクシーさ、ゴージャスさはNG

第四章

50代からは暮らしも生き方も もっと軽やかに心地よく

コンプレックスが強すぎる日本女性

「脚が太くて嫌」とか、「目が小さくて、自分の顔が好きじゃない」とか……。私の周りにも、自分のネガティブなところばかりに気持ちをフォーカスしてしまう日本人の友人って、少なからずいる。でも、私からしたらこんなに素敵なところがいっぱいあるのに、どうしてそちらに目を向けないのかしら？　と、とても不思議。

プロローグでもお話ししたように、私は子供の頃はピアノを習えば、先生が母に「あなたのお金と私の時間の無駄」と言うほど音楽の才能はゼロだったし、バレエを習えばその進歩のなさに母親からやめるようすすめられた。ゴルフもテニスも幼い頃からやっている割にはうまくはないけれど、両親から「どうしてできないの？」なんて言われたことはないし、否定されたこともないのです。

納得するまで続けてみて、できないと判断したら「しょうがない。じゃ、得意なことをやりましょう」というように、できないことに無理に時間をかけるよりも、できることをたくさん探しましょうというのが我が家の教育方針だった（一方、とても素晴らしいと褒められたこともないけれど！）。

そんな話をしていた折、こう聞かれた。「コンプレックスを感じたことはありますか？」

う〜ん……。しばらく考えてみたけれど、やっぱり答えはノー。幼い頃からコンプレックスを感じて思い悩んだという記憶はないように思う。それは知らず知らず、両親にコンプレックスを持たないように育てられていたからなのかもしれません。

子供時代はガリガリに痩せて、手足がヒョロヒョロと長かったのであだ名は「スパイダー」と「チョップスティック」。それでも、コンプレックスに感じたり、気に病んだりしたことはなかった。また、小学校の高学年のとき、クラス内の2つのグループと仲よくしたら、「あの子は二重人格よ」なんて陰口を叩かれて、仲間はずれのような状態になったこともあった。でも、やっぱりまったく気にならなかった。

私にとってはどちらかのグループに属することが大切なのではなく、自分が自分らしくいられることが大切であったから（何しろ当時の私にとって一番大切なのは、最後のロシア皇帝ニコライ二世一家の末路を描いた小説で、その歴史ミステリーが人生最大の関心事！　だから早く家に帰って本の続きを読めれば幸せ、という状況だったのだ。やっぱり変わり者なのかしら？）。

いじめられたとしても当の本人が気にしないのだから、いじめる側もいじめがいがなかったのか、1ヵ月ほどすると自然にそのいじめも終わってしまったのです。

世間の評価を気にするあまり、世間の基準に自分を合わせようとしてしまうことは、日本人のみならず、どの国の人にもあることだと思う。個人主義のフランス人だって、他人の評価はけっこう気にしている。

ただ、日本には、自分に自信がないゆえに他人の目を気にしてしまう、そして他人の基準に身を委ねてしまう、という風潮があるようにも思う。しかし、世間の評価がすべてになってしまうと、本来の自分を見失ってしまう。

考え方ひとつで、見える世界はがらりと変わるのです。喜怒哀楽に共通の基準はないでしょう？　感じ方は人それぞれ。何が幸せで、何が悲しいのか、それは自分で決めるものであるし、自分で納得できることが一番大切なこと。だから、あなたが心地よいと思える

「自分基準」を持ちましょう。そうしたら不要なコンプレックスなど、すぐに脱ぎ捨てられて、もっと自分を大切に、もっと自分を好きになることができるでしょう。

「自分が大好き」になるともっと生きやすくなる

でも、そう簡単に考え方を変えることができないのが、大人というものかもしれません。

私は、とにかく自分が好き。私が他人に嫉妬するとすればそれは夫くらいのもので、「私と一緒にいられてあなた幸せね！」と思うくらい（笑）。

ただし、私が人よりものすごく優れているかというと決してそうではない。ものすごく美人なわけでもないし、背が高いわけでもないし、天才的に賢いわけでもない。でも、持って生まれたもので生きていくしかないのだから、そのなかで自分を好きになれるように自分を変えていけばいい。

私が幼い頃、祖母から言われ続けてきたことがある。「上を見てもキリがないし、下を見てもキリがない。だから今の自分で満足できるようになりなさい」と。

つまり、自分は誰か別の人間になれるわけではないのだから、人が持っているものや環境を羨むのではなく、与えられたものの中で最大の結果を出せるように頑張りなさい、という意味なのだと私は解釈している。

それから私は誰かを幸せにするには、まず自分が幸せになることが必要だと信じている。自分を信じられない人、精神的に不安定な人に、人は安心を感じられないし、そういった気分って知らず知らずのうちに伝染してしまうものだから。

自分を好きになるためには、鏡を見て「それなりにいけてるじゃない？」って思えればそれでOK。体型が維持できて、ファッションバランスもよくて、「私って悪くないじゃない」と思えるようになれば、自然と精神状態もよくなる。そういった意味ではおしゃれと運動は、健康的なメンタルを保つためにとても大切だと思う。

もちろん、その状態を常にキープすることは、50歳を越えた女性にとっては、20代や30代の女性たちと比べれば、そう簡単ではないかもしれない。だから、好きな自分になるために毎日小さな努力を続けてみましょう。たとえほんの少しでも、その積み重ねは、きっとあなたの自信となって返ってくるから。

自分の好きを見つける一番早い方法

「好きな自分になろう」、と心に決めても、どうしたら自分を好きになれるのか、どこから手をつけていいかわからない、というご意見も聞こえてきそう。自分の好きなところを少しずつ増やしていく、というのはなかなか難易度が高いかもしれない。

そこで私が実践してきたのは、自分が不快だと感じること、嫌いなことを一つずつ消すという作業。私の場合、好きなことよりも、嫌いなことのほうがはっきりしている。皆さんも案外そうではないでしょうか？

こういう自分は嫌、こういうファッションは嫌、こういうインテリアは嫌い、こういう食事は嫌い。というように嫌なものを、自分の生活から徹底的に排除していくのです。

似合わない服を着るのは嫌、だから自分を徹底的に研究して似合う服を知る。

太って服が似合わなくなるのは嫌、だから毎日適度な運動を続け、節制した食生活を送る。

片付いていない部屋にいるのは嫌、だから引き出しの中やキッチンのシンクの隅々まできれいにする。

やり始めたことを途中で投げ出す自分になるのは嫌、だから期限や目標を決めて、そこまでは確実にやり遂げる。


というふうに嫌なこと、心地よくないことをしないようにしていくと、少しずつ「嫌いじゃない自分」、そして「好きな自分」へと近づいていくことができるのです。確かに少なからず根気のいる作業ではあるけれども、自分自身に不快さを感じないことって、精神的にもすごく楽だし、ハッピー！

自分の嫌いなところが曖昧《あいまい》、という人は、じっくりと考えて「嫌な自分」をリストアップしてみてもいいかもしれない。この年で、自分ってどんな人だろう、って改めて考えてみるのも、なかなか面白いもの。そうして具体的に文字にしてみると、さらに心に突き刺さるのです。

それから、気のおけない友人や家族に「自分のダメなところ」を聞いてみるのも、一つの手。そのとき、腹を立ててはダメですよ！　だって、彼らはあなたのために助言してくれる大切なアドバイザーなのだから。

一年に一度、苦手なことにチャレンジしてみる

そんなふうに、嫌いなことを徹底的に排除してきた私。でも、それとは正反対なことのようであるけれど、一年に一度苦手なことに挑戦している。

挑戦する内容は、〝食わず嫌い〟のようにやる前から嫌いと決めつけていたものだったり、苦手だけれどこれができたら面白いかも、と思ったもの。これはやってみて実感したことなのだけれど、これまでできなかったことが大人になってできるようになると、それはものすごい自信となって返ってくる！

なにより、やり終わったあとにとても清々しい気分になる。だから40歳となった18年前から、それは年に一度の恒例行事となった。

まず40歳のときに挑戦したのが、熟練ドライバーでも嫌がるパリの凱旋門周りの放射線状の交差点を、車で走り抜けること。ここは信号がなくていくつもの方向からどんどんと

車が入っては抜けていく、助手席に乗っていてもヒヤヒヤしてしまうカオスのようなラウンドアバウト（環状交差点）なのだ。

でも実際に交差点に入り、走ってみたら、周りの車も気を遣ってくれて、楽々と通り抜けることができた。この経験から運転にはすっかり自信がつき、どんな場所でも臆することがなくなった。もう、どんな人も安心して私の助手席に座って！　というくらい。

そのほかにも大嫌いなテーマパークに行ったり、去年は、高所恐怖症の私は絶対にできないと思い込んでいたスカイダイビングにトライしたり（これがとても楽しかった！　ぜひまた挑戦したいと思うほどクセになりそうな体験だった）……。

さらにここ数年は、キリスト教（私は子供の頃洗礼を受けたカトリック教徒）のレント（受難節と呼ばれるもの。四旬節・聖灰水曜日から復活祭前日までの40日間）では、甘いものを断食したり、禁酒したりと、嗜好品を自制する期間を設けたりしている。

その期間は、毎日投げ出してしまいたいほど、甘いものを食べたいという誘惑にかられたりするけれど、そこは我慢、我慢！　精神的にもとても鍛えられる気がするし、そんなことに耐えられている自分がちょっと誇らしくもなってくる。

それから、いつもは目をつぶりがちな、キッチンの引き出しや棚の中身を全部出して、一から磨き、きれいに並べ直すというのも、ときどきやってみる。その作業は時間もかかるし、とても大変なのだが、終わったあとの気分はとても清々しい！

確かに簡単ではないものもあるけれど、やり遂げたときは、ものすごい偉業を成し遂げたような気がして、自分をすごいと感じ、とても自信になるのです。その自信をちょっとずつ身につけていくと、以前よりも自分のことがもっともっと好きになっていることでしょう。

人を恨むエネルギーは人生の無駄

私は辛かった過去を話すのはあまり好きではないのだけれど、ネガティブなことを生きる力に変えるためのヒントがもしここにあるのなら、という思いを込めて、皆さんにお話ししたいと思う。実は40代前半、もしかしてこれは乗り越えられないかもしれない、と思うほど辛い出来事があった。それは2番目の夫との間にできた3人目の子供を、出産直前に亡くしたときのことである。

2人目の子供を帝王切開で出産していたため、3人目の子供も帝王切開で産みたいと申し出たのだが、担当医の先生は普通分娩で産むことをすすめてきた。私たち夫婦は一抹の不安を感じながらも、先生のアドバイスに従うことにした。しかし、出産を目前に控えた日に、腹部に少し違和感を覚えたため、私と夫は病院を訪れた。それは、土曜日だったが、担当の先生は、診察したあと、一応念のために今日は入院してくださいと言い残し、その場を立ち去った。あとになって知ったのだが、その同じ時間に彼のお兄さまが危篤状態だったのだ。

翌日の朝、ベッドの上に横たわり、夫の持って来たクロワッサンを食べようとベッドを起こしている最中に、突然「パンッ」と音がした。そのとき子宮が弾《はじ》けたのを感じたと同時に、私は意識を失った。そのあとすぐ、手術を受けたが間もなく生まれるはずだった赤ちゃんは命を落としてしまったのだ。意識が戻り、目を開けたときには、顔を手で覆ったままの夫の姿があった。そのとき私は、悲しく不幸な結末を悟ったのだった。

それから1ヵ月は、ただただ涙に暮れる日々を送った。来る日も来る日も、生まれてくるはずだった赤ちゃんのために用意した服やベッドを眺めては、涙を流し続けていた。しかしそんな日々を1ヵ月続けていたら、もう一人の私が私に語りかけてきた。「あなたはこのまま悲しみに暮れる生活を送り続けているつもり？」そのとき、ふと冷静になった私がいた。

そう、悲しみに暮れ続けることは簡単だ。でも、それでは残された家族を幸せにすることはできない。毎日泣き続ける私を見ているのは、家族にとっても心がえぐられるように辛いことなのだ。そして第一、亡くなった赤ちゃんがそんな私を見ても喜ばないだろう、と。

これ以上沈めないところまで沈んだら、あとは浮上するのみ。もしかしたら1ヵ月は沈むところまで沈もう、と無意識に自分の中で決めていたのかもしれない。赤ちゃんのために買っておいたもの、友人たちが贈ってくれたものはすべて箱に入れて封印した。そのときから、前を向いて生きていくことを決めたのです。

「病院を訴えたほうがいいんじゃない？」と言う友人も多くいた。事実、子供を亡くしたのは医療ミスが一因でもあったけれど、担当医の先生もこの件でとても大きな精神的な打撃を受けていたし、赤ちゃんが帰ってくるわけではない。それに裁判を始めたら判決が出るまでの間、そのことをずっと考えていなくてはいけない。それは、悲しみと憎しみを増幅させるだけだと私は思った。

私は、「恨み」という感情は、人生によい連鎖を生まないと信じている。それは、ネガティブな連鎖を生み、憎しみを助長させるだけである。たとえ恨みを晴らしたところで、人は幸せになれるのでしょうか？

それにネガティブな感情というのは、想像以上にものすごいエネルギーを必要とする。そんなことにエネルギーを注ぐのであれば、ポジティブなことにエネルギーを使ったほうがよっぽど生産的。「罪を憎んで人を憎まず」という故事があるけれど、私は自分が心身ともに健全でいるためにも「罪は水に流し、人を恨まず」の精神で、日々を生きている。


もう一つ、私が人生で激しく動揺した事件があった。それは、30代後半に訪れた一度目の離婚だった。原因は元夫が他の女性を好きになったことだけれど、そのときに初めてまっすぐ敷かれていると思っていた人生のレールが、思わぬ方向に曲がっていることに気づいた。しかもその行き先はまったくもって見えない。親族でも離婚している人など一人もいなかったし、恥ずかしながら、それまでの人生でまったく予想だにしなかった事態にものすごく戸惑い、パニックになった。

ある日「ずっと続くと思っていた結婚生活が終わってしまったことが、とても悲しい」などと愚痴をこぼしていた私に、母親が言い放った一言が私のその後の人生を大きく変えたのです。

「それは悲しみじゃない、あなたは単に怒っているだけでしょ。それを認めなさい」。そう言われ、ハッとした。確かにその感情は紛れもなく〝怒り〟だった。

そして母はこう続けた。「それに、本当に彼を愛していたのなら、彼の心が離れ始めているのをすぐに気づけたはずよ」と。納得。確かに、私はとあるパーティで、知り合いからそのことを知らされるまで、1年もの間、まったくと言っていいほど彼の変化に気づいていなかったのだから。

母の分析は実に的を射ていて、その瞬間に私は冷静になることができた。だから、その後の夫婦、そして子供たちにとって最もよい選択肢は何なのか、客観的に判断することができたと思う。そのときの決断は、その後から今に至る幸せへの道筋をつけてくれたといえるのです。

落ち込んだときはとにかく汗を流す

私は基本的にポジティブで忘れっぽい性格だけれど、そんなふうにひどく悲しみに暮れたり、落ち込んだり、簡単には治まらないくらい怒るときもあった。でもそんなときは、とにかく動いて汗を流す！　体を動かすことで、どれだけのことを乗り越えられてきたかわからない。

その運動というのが、私の場合、40代からはジョギング。走って体を動かし続けていると、不思議なことに怒りも徐々に薄れていくし、その後シャワーを浴びて爽快な気分になれば、違う角度から物事を見られるようになったりする。

そして心地よい疲労感は睡眠を誘い、ぐっすり眠れるようになる。私が運動をするのは体型を維持するためももちろんあるけれど、メンタルを健康的に保つためにも欠かせないことなのです。

もちろんそれはウォーキングでもいいかもしれないし、水泳でもいいかもしれない。ただ、家に閉じこもって嫌なことを考え続けるという行為をストップし、一瞬でもそれを忘れるくらい、夢中で体を動かしてみてほしい。

あと、私が大切にしているのがチャリティ。私はカトリック教徒の家族の中で育ったということもあり、チャリティは子供の頃からとても身近なものでした。クリスマスには、プレゼントを贈り合うのではなく、施設にプレゼントを届けに行く、というのが我が家の恒例だった。

チャリティというのは、恵まれている人が恵まれていない人へ施しをするというイメージがあるかもしれないが、実際には参加する側が多くのものを得ているような気がする。それにチャリティ活動に参加するということは、世の中をよく知ることでもある。

私自身、恵まれない環境に置かれた方や、重い病気を患った子供など、とても過酷な状況で一生懸命生きている多くの人たちに出会った。自分とは比べものにならないくらい苦しい状況で頑張っている人たちを見ると、自分が不幸だなんて思うことが恥ずかしくなるし、自分がいかに甘えているかを知ることができた。

そして懸命に生きる彼らは、とてもいいエネルギーを発していて、それに触れることで自分もまたエネルギーをもらえるのです。

あなたが自分は不幸だと感じているなら、自分とはまったく違った環境にある人たちに出会うということが必要なのかもしれない。

嗜好品に依存しないよう心がけよう

そうやって、体を動かして気持ちを切り替えたり、いろいろな世界へ目を向けることで辛いことを乗り越えるためのエネルギーをもらったりして、心を健康的に維持するよう心がけてきた私。でも実は、過去に一度だけお酒の癒しに頼りそうになったことがある。

それはハイジュエラー「ブシュロン」でのワールドワイド コミュニケーションズディレクターとしての成果を買われ、イギリスのファッションブランド「アレキサンダー マックイーン」のワールドワイド マーケティング・コミュニケーションズディレクターに抜擢されたときから始まった。私の仕事人生の中でも、もう二度とあのようにハードに働くことはできない、と思うほど多忙を極めた時期でした。

パリからロンドンへと単身赴任をし、朝は誰よりも早く7時に出社。夜10時までオフィスで働き、その後仕事を自宅に持ち帰り、睡眠時間は平均4～5時間というような状態が1年半も続いた。

というのも、当時「アレキサンダー マックイーン」は、ブランド名となっているデザイナーが自殺してしまい、ブランドの方向性を模索している中、マーケティングでも大きく舵《かじ》を切ることを必要としていた時期だった。

さらに突如ニューヨークのメトロポリタン美術館でブランドの回顧展が開催されることが決まり、世紀のロイヤルウェディングと呼ばれたウィリアム王子とキャサリン妃の結婚式で、キャサリン妃が着るウェディングドレスを作成することが決定するなど、ブランド史上初の出来事が目白押しだったのです。

特にロイヤルウェディングのためのドレス作りは、とても厳しい守秘義務があり、そのことは結婚式当日まで、CEO、デザイナー、そして私の3人しか知らされていなかったため、それに関する仕事をオフィスですることが一切できず、帰宅後に取りかからねばならない、非常にプレッシャーの強い日々でした。

ある日、帰宅後、キャビネットのワインに目が留まり、この疲れを癒したい、とたまらなく飲みたくなった。そのとき、「アディクション（依存症）とは、こういうことから始まるんだ」という言葉が浮かんだ。それはある種の「気づき」を実感した瞬間だった。

そのときから、仕事での疲れを取るためにアルコールを摂るということは一切やめ、お酒を飲むのは週末だけのお楽しみとすることにしたのだ。

仕事の後の一杯は至福で、そのために働いているなんていう人もいるでしょうし、それはそれでよいと思う。しかし、私は疲れを癒すのに何かに依存してしまう自分になることが、とても嫌だった。それからは、心身の疲れは運動や睡眠（私はもともと寝ることが大好き！）で解消することにしたのです。

辛くて、先が見えなくて、お酒に逃げたくなる瞬間があったら、ちょっと冷静になって、他の打開策やストレス緩和策を探してみてはどうでしょう。

何より現実逃避のためのお酒より、家族や友人とわいわいとグラスを交わすお酒のほうが、ずっと楽しくて、おいしいのだから。

過去のことに必要以上に囚われない

そういえば、私が日本で本を出すことを友人に話したとき、友人がこんなことを言った。「本のタイトルは『MOVE ON』でしょ!?」その一言が端的に私を表す言葉としてあまりに的を射ていたので、二人で大笑いしてしまった。

というのも、私は見極めが早い。というか、続けてもよい結果を生まないと判断した瞬間、それまで費やした努力を顧みることなく、次への道を探すから。そう、ダメだと思ったら、即、次！　人生「MOVE ON」なのだ。それはプライベートでも、ビジネスでもそう。できないことに執着するのは時間の無駄。それよりどんどん違う方法を試したほうが、解決の近道だと思うから。

数年前、とある女性誌で連載を持っていた頃、私は〝ヴィーガン〟という食スタイルを実践しており、そのことをご紹介した。それは絶対菜食主義者といわれるもので、一般的なベジタリアンが肉や魚を摂らないのに加え、さらに卵や乳製品、蜂蜜などの一切の動物性の食品を摂らないというものである。

そのきっかけは、かつて「ミスターセクシー」と呼ばれたハリウッド俳優、ハリー・ハムリン氏だった。とあるガラパーティで偶然隣の席に座っていた彼は、当時62歳という年齢ながら驚くほど若々しく、素晴らしい体型を維持していたため、その理由を尋ねたところ、ヴィーガンを実践しているという。

それならまずは3ヵ月試してみよう、ということで夫を巻き込んでヴィーガンライフをスタートした。

ところが、これがなかなか大変! 食品を買うために、毎回成分表示を隅々までチェックし、少しでも動物性の成分が入っていたらそれは使えないし、フレッシュなものを食べなくてはいけないので、作り置きもできない。

また、もともと私は、オーガニックにこだわり、牛肉や豚肉など脂質の高い肉は口にせず、鶏肉や魚を中心に摂る食生活を送っていたせいもあって、あまり劇的な効果を感じることができなかった……。そこで、当初決めた3ヵ月が経った日に、すっぱりとやめてしまった。

こんなふうにやると決めたときは自分で決めた期間はとことんやって、友人などにもそれがどのようによいとされているかを滔々《とうとう》と語るのだけれど、効果がないと判断した瞬間にやめてしまうので、よく友人から「私、あなたがあのときいいってて言ってたから、もう10年も続けているのよ！」なんてクレームを受けることも多々ある（笑）。

しかし、よく言えば潔く、悪く言えば見切りの早いこの性格は、案外、常に精神的にポジティブでいるために一役買っている気がする。

それは過去には囚われず、〝今この瞬間〟を楽しむために全力を注ぐ私のライフスタイルの根底にあるものだから。

嫌な人にこそ先に笑顔で挨拶

ところで、皆さんは人間関係で悩みはありますか？　友人や同僚、そして親戚など、人付き合いで悩んでいる人は多いですよね。

もちろん、私にも苦手だなぁと感じる人はいる。でもそういった人との間でも、できる限り波風を立てないように接するようにしている。この「波風を立てない」という点では、「私って日本人だわ」ってしみじみ実感するのです。

何しろ面倒臭いことは大嫌いなので、できるだけ物事を荒立てず、平穏に過ごしたい。

だから、もし嫌なことが起こりそうだとしたら、先手を打って、その火種を真っ先に消すようにする。

よくパーティや何かの集まりなんかでも、嫌いな人を見かけるとすごく近くにいるにもかかわらず、その人がまるでこの空間にいないかのように無視し続ける人がいますよね？ でもこれって、実はものすごくエネルギーのいること。だって、無視し続けるというのは、その人の存在を意識し続けなくてはいけないのだから。

何より、後味が悪い。だから私はまず苦手だと思う人には、一番初めに満面の笑みで「こんにちは！」と挨拶することにしている。そうすれば、その後はその人のことを気にし続けることもなく、その会の間中、自分も気持ちよく過ごせる。それに、その人だって、「あれ？ 笑顔で挨拶されちゃった？」ってまんざらでもないはずでしょ⁉

「ジコチュー」も悪くない

人付き合いに、必要以上に縛られないのも大切なこと。もちろん、それって口では簡単に言えるけれど、そう簡単ではないのもよくわかります。でも102ページでもお話ししたように、世間の判断基準に合わせるのではなく、自分の基準を持つことで、気持ちは随分と楽になるのではないかと思う。

大きな声で宣言します。私は「ジコチュー」な人間であると。何事においても自分が中心。まずは自分の心に耳を傾け、自分を大切にしてあげる。なぜなら、自分が幸せでなければ、他人を幸せにすることなどできないと信じているから。誰だって不幸そうな人の横にいるより、幸せな空気に満ち溢れた人と一緒にいたほうが、ずっと楽しいでしょう。そして、その幸せな空気は周りに伝染するものだから。

バチが当たる（BAD KARMA）は世界的ブーム？

ただし、自己中心的と言っても、自分さえよければ何でもよいというのとは、違う。他人に迷惑をかけたり、嫌な思いをさせたりするのは、自分にとっても心地よくないことであるし、絶対にしたくない。

実はこの行いの元となっているのは、幼い頃から両親や祖父母に言われ続けた「悪いことをするとバチが当たる（BAD KARMA）」という、超日本的な考えにある。

これは私のあらゆる判断の基軸となっていて、大人になった今でも、悪いことをすれば必ず自分に返ってくるという考えが染み付いているのだ。

だから、抜けた髪の毛一本でも床に落としたらバチが当たるから、ゴミ箱のあるところに行くまで持っていようとか、食べ物を残したり捨てたりしたらバチが当たる、とか、自分の行いを冷静に見ているもう一人の自分がいる感覚。「バチが当たる」と思うたびに、私って日本人なのだなぁ、とつくづく感じる。

この「BAD KARMA」は、世界的にもブーム、と言うとおかしいけれど、すっかり浸透しつつある。欧米人も最近では悪いことをした人を見ると、しょっちゅう、「それってBAD KARMAとなって戻ってくるよ」なんて言ったりするし、マドンナなどのセレブリティもよく口にしていたりする。


一方、それとは真逆の理論だが、誰かにいいことをしてあげたからといって、いいことが返ってくることは期待しない。よく「これだけやってあげたのに返ってこない」と嘆いている人がいるが、それこそ不幸の始まりなのだと私は思うのです。

人に何かをやってあげるのは、相手を助けたいという思いはもちろん、そのことによって自分が気持ちよくなりたいから、であるはず。人にしてあげたことに対して見返りを求めても、結局は自分を苦しめてしまうのだ。自分の行動は「すべて自分のため」という思いで日々生きていきたい。

友人付き合いは程よい距離で

そんな「ジコチュー」な私だからなのか、正直に申し上げると、私には友達があまりいない。さらに親友と言えるような友人は、片手で数えるほどしかいない。ただし、彼らは率直なことを言い合える本当に特別な仲だ。私には、そんな友人たちがいればそれでいいのです。

だから、たくさんの友人に常に囲まれていたいとは思わない。むしろ、気を遣い合う、上辺《うわべ》だけの関係など疲れてしまう。

友人たちとのお出かけに何週間も前から予約を入れて、スケジュール帳をいっぱいに埋めておくなんていうことはしないし、かえって何週間も前に予定を入れておいたその日が近づくと、無性に行きたくなくなってしまう（実は人間の心理には、そういうシンドロームがあるらしい）。

SNSが世代を超えて広く一般化してしまった昨今、友人付き合いも複雑ですよね。フェイスブックなどのページを開けば意図せずいろいろな人の交友関係やライフスタイルが目に飛び込んでくる。

SNS上の友人の数は多いほど、「いいね！」をたくさんもらえるほど、人気者に見えたりするのかもしれない。でもそんなこと、どうでもいいではないですか。すべての人から好かれなくても、いいではないですか。

大切なのはインターネットの世界ではなく、今そこにある目の前の世界。私は、自分をわかってくれる家族と数人の親友がいれば、それで幸せ。

パートナー、子供には期待しすぎない

そんなわけで、私にとって夫や子供たちは、数少ない心安らぐ存在。だから、彼らと良

好な関係を保つためにも、自分とは違う人格として尊重するように心がけている。

よくご主人への不満や悪口を爆発させている女性を見ますよね。でも、夫や長い付き合いの恋人に対して不満があるとしたら、それは相手を自分にとって都合のいい〝家族〟として捉えてしまっているからではないでしょうか？　私は、夫は家族であると同時に、自分とは完全に違う人格であると考えてきた。まったく違う家庭環境で育ってきたのだから、いろいろなことが違うのは当たり前。シェアできない感覚があったって不思議ではないでしょう⁉

だから、根本的にどうしてこの人と一緒にいたいのか考える。その理由が浮かばないという人は早く別れて、さらに自分に合う人、一緒にいたいと素直に思える人を探したほうがいいのかもしれない。

そんな私は2度の離婚を経験し、現在の夫とは3回目の結婚。しかし、2人の元夫とは兄妹、親友のように仲良しで、家族ぐるみの付き合いだ。2人ともとても気が合うし、その時々に一緒にいることがベストだと思い結婚に至ったのだが、結果としてはそうではなかったよう……。3回目ともなると、情熱的な恋愛感情というよりは、〝居心地の悪くない〟空気のような存在であればいい（無関心なように聞こえるかもしれないが、この〝空気感〟がとても重要！）。相手に多くを求めることなどなくなった。

「どうしてあなただけ3回も結婚できるの？」などと友人から言われたこともあるが、それは私が許容範囲の枠（これが結構広い）に入った人であれば、来るもの拒まずだから。正直、結婚したいと切望したことは一度もないのです。

私が3回も結婚できたのは「結婚しよう」と言われたタイミングがよかったということと、それに対する断る理由が見当たらなかったということなのだと思う。何より結婚に過度な期待を持ちすぎない、ということが何より重要な気がする。

ただし、結婚生活や恋人とのいい関係を保つためには、ある程度の努力は必要です。例えば、私は夫と二人で寄り添っている写真をスマートフォンのホーム画面の壁紙にしているのだが、これだってハッピーライフのためのちょっとした戦略（笑）。

ほんの少しでもいいから相手のいいところを思っている以上に褒めてみたり、写真を飾ることで大切に思っていることを表現してみたり。そんなさりげないアピールも、サブリミナル効果のようにじわじわと相手の心に影響を与えていくのだ。

結婚できない、いい人が見つからないと嘆く人は、まずあなたにとって「いい人」とは何か見直してみたらどうでしょう。もしかしたら「いい人」の条件が、とてつもなく厳しいのかもしれない。もし、そうだとしたら、理想の人に出会うなんて奇跡に等しいし、しかもその人があなたを選ぶかというと、その確率はますます低くなってしまう。

私は、結局はいろいろな意味で自分と同じレベルの人としか出会うことがないと思っている。だから、びっくりするような奇跡が起こるのを待ちながら時間を潰《つぶ》すより、心と目を大きく開いてどっしりと構えてみよう。無駄な垣根を取り払えば、〝空気のように〟心地よいパートナーが見つかることでしょう。

それから私の理想は、死ぬまで自立して生きていくこと。最初の結婚のとき、わずかな期間だけ主婦をしていたこともあったけれど、すぐにそんな生活に退屈してしまった。

20代半ばでビジネスを立ち上げてからというもの、58歳の現在まで休むことなく働き続けている。

「なぜ仕事を続けるのですか？」と聞かれれば、それは「仕事をしなくていい状況になったことがないから」。とりわけ仕事がすごく好き、というわけでもないし、出世欲というのも私にはまったくなかった。なので、仕事を続けるのは、単にお金を稼がなくてはならないという理由に尽きるのです。

　私はこれまでの結婚生活の中でも、夫が稼いだお金は夫のお金、私が稼いだお金は私のお金、というふうに考えてきた。だから、残りの人生を自分らしく楽しく生きるためにも、お金は必要だし、働かなくてはいけないと思っている。それは物質的な自立でもあると同時に、「自らの足で生きていける」という精神的な自立にもとても強く結び付いているのです。もちろん日本にも海外にも、理想の生活をするために、お金持ちのパートナーを見つけようと躍起になっている女性はたくさんいる。しかしどうでしょう。お金持ちをつかまえるために気の遠くなるほどの努力をするより、自分で働いてお金を稼ぐほうがよっぽど楽ではないでしょうか。

　しかも年齢を重ねれば重ねるほど、自分より魅力的な条件を持ったライバルは増えてくるのだから、そんなことよりも自分の足で生きていくためのスキルを磨いたほうが時間的にも自分のためにも効果的だと思うのだ。

　50代まで主婦だった人に突然経済的に自立しろというのは難しいかもしれないけれど、精神的自立は可能だし、まだ若い30代なら今のうちに考えたほうがいい。

　私は同年代の女性、そしてこれから50代を迎える若い女性たちには、経済的にも自立する生き方をおすすめしたいし、それが日本女性をいっそう素敵に輝かせていくだろうと信じています。

一方、私と子供との付き合いはどうかというと、私たち親子は毎日WhatsApp（アメリカのLINEのようなもの）でグループ会話をする友人のような関係。今では家族3人のそれぞれがカリフォルニア、ニューヨーク、東京と、遠く離れて暮らしているので、クリスマスなど家族一同が集う旅行は、私にとってご褒美のようなもの。

私は、子供にはこれをやれ、あれをやれ、とは言わず、その時々で自分で判断させてきた。ただし、基本的なマナーは徹底的に教えたつもり。さらにたくさん寝ること、おいしいものを食べること、そして一つのことを始めたら必ずやり通すことも。遊びもとことん突き詰めて遊ばせれば、クリエイティビティが育ち、何も達成できない子供にはならないはずだと信じているから。

そんな私の子育て法は、両親や祖父母から受けた教育にも強い影響を受けている。両親は共働きで出張することも多かった。そのこともあって私は祖父母と一緒に過ごした時間がとても長いのだが、12歳からは〝自分で考えて決断、行動しなさい〟と言われ、早くから精神的な自立をするよう教育されてきた。

祖母は、今思えばとても先進的な考えを持った女性だった。彼女がよく口にしていたのが、「子供にとって大切なのは創造力。たとえ科学者であっても、銀行員であってもクリエイティビティがなくては、成功者にはなれない」ということ。自分が母親になったとき、まさにその通りであると強く思ったものです。

本当の幸せは何気ない毎日の暮らしの中にある

夜ごとパーティに参加するような華やかなライフスタイル。そんな生活に憧れる人も多いという。私にも社交が生きがいという知人がいるし、子供が独立し自由な時間を持て余し始めた頃、過去を振り返り、「自分は家族のために生きてきて、これまでの人生を損してきた」などと言って、突然パーティライフデビューしてしまった、日本の知人もいる。

でもそれって、本当に幸せなライフスタイルと言えるのでしょうか？

　ファッション業界で長年マーケティング・コミュニケーションの仕事に携わってきた私は、仕事柄連日のようにパーティや会食に参加する日々を送っていた時期もあります。しかし、それは私にとっては苦痛でしょうがなかった。何しろ私は社交というものが肌に合わない。そういうとても意外だと言われるのだけれど、私はできれば家から出たくないくらいの社交性のない人間なのだ（だから友人も少ない……）。

　でもパーティに参加することは仕事の一環だったので、お給料をいただいている以上はそれに見合う仕事をしなくてはならないし、参加するからには思い切り楽しんでいるフリ（!）をしようと、腹をくくっていた。だからパーティではひたすら聞き役に徹し、聞き流すという術《すべ》でその場をしのいでいたのです（失礼！）。

　そうしてパーティの回をこなすごとに聞き手としてのスキルがメキメキ上達していき、その場の話を大いに盛り上げてしまうものだから、それが評判となってまたパーティに呼ばれてしまう、という悲しい悪循環も生んでいた……。

　だからパーティに招かれなかったり、急遽先方の都合で参加できなくなったりしたら、それは私にとってすごくラッキーなこと！　何しろ私は自分の家が一番好き。だって、自分の大好きなものだけを厳選した空間なのだから。だからおかげで家にいられる、と嬉しくなってしまうのです。

他人のライフスタイルに憧れたところで、それがあなた自身に合うとは限らないし、身の丈に合わないことや、これまでの自分とまったく違うライフスタイルを急にしようとしても、周りから見たらとても不自然に見えるもの。

だから、もしあなたが今の生活に満足しきれないとしたら、まずは身近な幸せを追求してみたらどうでしょう？　作ったおかずがいつも以上においしくできたり、テラスで育てている植物が美しい花を咲かせたり、大好きなキャンドルの香りに包まれてお気に入りのリネンの中で眠ることができたり……。私はそういった日常の小さな出来事に、最高の幸せを感じる。

思えば、私はわずかなことや変化に敏感な体質であるといえるかもしれない。日々繰り返されることには鈍感になってしまいがちだが、そういった些細《ささい》な幸運に敏感になると、人生の幸福指数はぐっと上がる気がするのだ。本当の幸せは日々の暮らしの中にこそあるのだと、私は実感しています。

自分の周りには好きなものだけを置く

　2人の子供たちも無事独立し、カリフォルニア、ニューヨーク、東京と3人それぞれが離れて暮らす今。カリフォルニアのニューポートビーチにあるアパートメントで、夫婦二人だけの静かな生活だ。以前のように大勢のゲストを呼んで仕事のディナーやカクテルパーティをすることもなくなったし、子供もいないのだから、大きな家に住む必要もない。たくさんの食器もいらない。だから、必要のないものはすべて処分した。

　第一章でもお話ししたが、私は目的のない行動、不要なものを溜め込んでいる状況がとても苦手。自分の好みに合わないものは、たとえ頂きものだとしても躊躇《ためら》うことなく処分してしまうし、カードや手紙も、よほどのものでなければ読んで捨ててしまう。いらないもの、好きではないものは、家の中には一切置かない。

　子供が独立するときも、一つだけボックスを渡し、それぞれ大事なものを選んで入れてもらい、それ以外はすべて処分した。ワードローブも1シーズンごとに見直し、いらないものは処分。不要なものがなくなると、頭の中まですっきりと整理されたような気がするから不思議。

だから私の家の中には大好きなものだけ。これほどに心が落ち着き、幸福に浸れる場所はない。そう、家で過ごす時間は、私にとって最高のひとときなのです。今自宅にあるものは、すべて私のお気に入り。食器も普段使いと特別の日の違いはありません。私にとって、食べることが何よりも〝お楽しみ〟なので、残りの人生、一食たりとも無駄にしたくないのです。だから自分の好きなものを、お気に入りの食器で、一食一食を大切に味わいたい。

それは、リネンも同じ。シーツは必ず全体にアイロンをかけて、ビシッとした状態にしておく。あの洗い立てのアイロンのかかったパリッとしたシーツと、布団の間に体を滑らせる瞬間が、ものすごく幸せなのだ。

それからお花を家中に飾るのも欠かさない。私が幼いとき長い時間を共に過ごした祖父母の家の庭には、牡丹《ぼたん》と芍薬《しゃくやく》がたくさん植えられた庭があり、花が満開になる頃、それはとても見事な光景だった。家のいたるところに旬の花が飾られていたこともあり、私にとって花は生活に欠くことのできない「Art de Vivre（アール ドゥ ヴィーヴル）」（生活の中の芸術）。

そんなふうに毎日にちょっとした〝特別〟をちりばめることで、生活はぐっと彩りを増し、なんでもない日々もとてもハッピーになるのです。

家も生活も今の自分に合わせてダウンサイジング

広い家がいい、と思われがちだけれど、子供も独立し、そんなにたくさんのゲストも呼ばなくなった今、私には大きな家は不要なので引っ越した。パリの自宅は小さなストゥディオ。コンパクトな空間なのだが、お金をかけてリフォームし、暖炉を設け、大好きな一人がけのソファを置き、思い描ける限りの理想の空間にした。

夫と暮らすニューポートビーチのアパートメントは、オープンキッチンの付いた大きなリビング&ダイニングとマスターベッドルームが1つ、バスルーム付きゲストルームが1つという、とてもシンプルなつくり。

むしろゲストルームがたくさんあって、親戚中が遊びに来てしまうような状態はストレスだし、このくらいが今の私たち夫婦には丁度いい。

欧米ではリタイアしたり、子供が独立したりしたら、自分たちのライフスタイルに合う小さな家やアパートに引っ越すというのはよくあること。自分たちが管理できるだけの空間に住むことが、自分たちの負担にもならなくていいのです。

生活のレベルを落とすのは辛いという人もいるでしょう。でも、私はそのときの家族状況や自分の収入、ライフスタイルに合う暮らしで十分満足なのです。

今ではお掃除をしてくれるハウスキーパーさんが週に1回来る程度で、これまでクリーニング店頼みだったアイロンがけも簡単なものは自分でするように（毎週何点もクリーニングに出すことを考えたらなかなかの節約でしょう⁉）。おかげで最近は、アイロンがけのテクニックもメキメキ上達し、ピローケースのこの仕上がり具合はプロ並みね、と自画自賛している！

時にはクリーニング屋さんに立ち寄った際に、ちらりと彼らのテクニックを観察し、それを取り入れてみたり、大好きな花を長く持たせるためにそのテクニックをネットでリサーチして、お花を咲かせたり長持ちさせることができたり……。

この歳でできることが増えたり、何かが上手になっていくのが楽しいのです。

05

Chapter 4 Summarize

暮らしも生き方も軽やかに

不要なコンプレックスを捨て、
自分を好きになる努力をしてみよう

●

苦手なことへのチャレンジは
自信につながる

●

人を恨むエネルギーは人生の無駄。
落ち込んだときはとにかく汗を流す

●

過去のこと、うまくいかないことに執着せず、
違う方法を試す

●

友人付き合いは程よい距離を保ち、
家族にも期待しすぎない

●

本当の幸せは毎日の暮らしの中にある

●

不要なものは処分し、
家には自分の好きなものだけを置く

エピローグ

これまでは「与えられた仕事を精一杯やり切る」というのが私の仕事へのスタンスで、ゼロからものをクリエイトするということなどまったく興味がなかった。ところが、50歳を越え、ある不便を感じ始めたことによって、これまで世の中になかったものを作りたいと思うようになった。それがプログレッシヴレンズ（遠くを見る機能と近くを見る機能を併せ持つレンズ）とサングラスの機能を兼ねた新しいアイテムだ。そうして、自分のブランド「mE《ミー》eye」を立ち上げた。

自分がつけたいリーディンググラスがなかったことと、いかにも「老眼鏡をかけています」みたいなスタイルがダサいと思ったことがきっかけなのだけれど、思いのほか私と同じ意見を持った知人たちが周りにたくさんいて一念発起。老眼対策とはわからないほどスタイリッシュなリーディング機能付きサングラスを自ら作ってしまえ！　ということで、2人の共同経営者とともに動き始めたのだ。形になるまではさまざまな紆《う》余《よ》曲《きょく》折《せつ》があって本当に大変だったけれど、今までにない達成感を覚えている。

「mEeye」（https://www.meeye.com）と名付けられたこのサングラスブランドは、世界の有力ファッション業界紙、「WWD」でも取り上げてもらい、少しずつ注目を集め始めている。私たちのポリシーは、1．CREATIVITY（創造的であること）、2．HONESTY（正直であること）、3．VALUE（価値あるものであること）。

まず、これまでプログレッシヴレンズを使い、なおかつ良心的な価格で提供されるサングラスというのは世界中どこを探してもなかった。またパッケージに使用するのはエコロジカルプラスチックという素材。60度以上の熱で溶け、土に返すことができる。

また、中国や東南アジアなどコストの安い国の工場で生産しておきながら、最後の工程をヨーロッパですることで、ヨーロッパ製品とラベルをつけて販売する、というファッションブランドの常套手段を使わず、中国の最も技術力の高い工場で、クオリティの高いものを生産し、正直に、自信をもって「素晴らしい中国製」のサングラスを提供する。

かつ、より多くの人に身につけてもらえるよう、コストもできる限り抑えている。

日本では輸入医療器具となるため、販売に至るまでの経緯がとても複雑なのだけれど、いつか皆さんの手にお届けできるよう日々頑張っているところです。

いつかはリタイアしてゆっくりした老後を、なんていう願望は今の私にはこれっぽっちもない。……と言いながら、実は数年前にある雑誌で連載をしていたとき（当時55歳）は「75歳でぽっくり天に召されると仮定し、あと10年必死で働いてお金を貯めて、理想の家を建て残りの10年をそこでゆったり過ごす」などと書いていたと、指摘されたばかりです（笑）。

でも、それからわずか3年の間に、今では家を建てるのもなんだか面倒になってしまったし、リタイアしたいなんて思いもなくなってしまった。まだまだ世界を動き回っていたいし、まだまだ続けなくてはならない仕事があるから。

しかし、今はこう思っていても、明日には考えがあっさり変わってしまっているかもしれない。まさに、これが私。その瞬間、その瞬間に集中して生きる。たとえ現状に満足していても、今よりいいものが自分の視野に入ってきたら、私はすぐにそちらに飛んでいってしまう。とにかく先入観では決めつけない。この方法ではダメだと思ったら、そしてもっといいものがあると感じたら、今すぐ「ＭＯＶＥ　ＯＮ」！

それが私の生き方なのです。

熊倉正子　くまくら・まさこ

1959年生まれ。1987年に日本初のラグジュアリーブランド専門PR会社「KIC」を立ち上げ、「ドリス ヴァン ノッテン」「マルニ」「クリスチャン ルブタン」など数多くのブランドを日本に紹介。2000年、世界的なカリスマスタイリストで、仏「VOGUE」誌編集長だったカリーヌ・ロワトフェルドに請われ、同誌のディレクターに就任し、パリに居を移す。その後グッチグループのブランドのディレクターに転身し、「ブシュロン」では世界各国での創立150周年イベント、「アレキサンダー マックイーン」社在籍時には、英国キャサリン妃のウェディングドレス制作と契約業務を一任される。2013年よりカリフォルニア在住、2017年アイウエアブランド「mEeyye」設立。世界初のファッションプログレスリーディンググラスのコレクションを発表し、MATCHESFASHION.COMにて販売中。

構成／河島裕子
ブックデザイン／内藤美歌子（VERSO）
撮影／大坪尚人、恩田亮一（本社写真部）

協力／Debra Smith、世界文化社、佐藤梨奈

無駄《むだ》のないクローゼットの作《つく》り方《かた》
～暮《く》らしも生《い》き方《かた》も軽《かろ》やかに～

2017年９月27日　第1刷発行
2018年２月19日　第4刷発行

著　者　熊倉正子《くまくらまさこ》

© Masako Kumakura 2017, Printed in Japan

発行者　鈴木 哲
発行所　株式会社 講談社
〒112-8001　東京都文京区音羽2-12-21
電話（編集）03-5395-3527
（販売）03-5395-3606
（業務）03-5395-3615
印刷所　慶昌堂印刷株式会社
製本所　株式会社国宝社

定価はカバーに表示してあります。

落丁本・乱丁本は、購入書店名を明記のうえ、小社業務あてにお送りください。

送料小社負担にてお取り替えいたします。

なお、この本についてのお問い合わせは、生活文化あてにお願いいたします。

本書のコピー、スキャン、デジタル化等の無断複製は著作権法上での例外を除き禁じられています。本書を代行業者等の第三者に依頼してスキャンやデジタル化することは、たとえ個人や家庭内の利用でも著作権法違反です。


ISBN978-4-06-220766-9

講談社の好評既刊

下田結花
心地よく暮らすインテリアの小さなアイデア109
花を飾る、ものの置き方を変える……そんな小さな部分を変えることで暮らしは変わります。すぐできるアイデアを写真とともに紹介
1300円

師岡朋子
少ない服でも素敵に見える人の秘密
骨格で選ぶスタイルアップ術
体と服の相性次第で今すぐおしゃれに見せられます。3つの骨格を知れば、もう服で悩みません！
1400円

鈴木ハル子
大人は「近目美人」より「遠目美人」
美容業界のレジェンドが初めて語る、ハッピーを運んでくる日々のキレイ習慣。ファッションも美容も生き方も大切なのは俯瞰力
1200円

ペレ信子
フランス人は3皿でもてなす
フランス流しまつで温かい暮らし
フランス人のウィークデイの夕食はほぼ毎日野菜スープ。意外に質素で手抜き上手。お金をかけずに生活が豊かになる工夫が満載です
1400円

渡辺ゆり子
予算をかけずに部屋をおしゃれに！
小さな家を素敵に変えるアイディア
カリスマコーディネーターが、「低予算で素敵に見せる裏ワザ」を惜しみなく公開。ごく普通の狭小住宅がエレガントな空間に変わる！
1500円

西山栄子
今までの服が似合わないと思ったら……
50代からのおしゃれバイブル
上半身で勝負する、好きなものを買いすぎない、50代は39歳設定……50代からのおしゃれの意識改革とノウハウを具体的に伝授します
1300円

表示価格はすべて本体価格（税別）です。本体価格は変更することがあります